AF590545

LA VIE DE SAINTE REINE VIERGE ET MARTYRE,

AVEC VNE APOLOGIE POVR prouuer que l'Abbaye de Flauigny, ordre de S. Benoist, au Diocese d'Autun, est en possession du sacré Corps de cette Sainte.

Par Dom GEORGES VIOLE, Religieux Benedictin, de la Congregation de S. Maur.

A PARIS,
Chez CLAVDE HVOT, ruë S. Iacques, proche les Iacobins, au Pied de Biche.

M. DC. XLIX.

Auec Approbation des Docteurs.

A LA REYNE REGENTE.

ADAME,

Parmy vne infinité de personnes qui rendent maintenant leurs tres-humbles deuoirs à vostre Majesté, pour son heureux retour en sa bonne ville de Paris, i'ay pris la hardiesse de luy venir offrir les hommages de ma seruitude; il est vray que si ie n'eusse consideré, ou que l'éclat de vostre Majesté pour qui ie ne dois auoir que des respects tres profonds, ou que ma profession qui m'engage à la retraite, ie n'eusse pas esté si temeraire d'aborder celle là, & de quitter celle-cy: mais i'ay creu d'vne part que les regles de mon Institut estant conformes à celles du S. Esprit dans les Ecritures, ie deuois en qualité de tres-humble sujet offrir mes veux à vne puissance legitime que Dieu a établie sur nos testes, & de l'autre ie me suis persuadé que vostre Majesté auroit pour agreables les soûmissions d'vn Religieux qui reconnoist l'illustre S. Benoist pour son Pere d'Ordre, comme vostre personne Royale le reconnoist pour

son parent dans l'ordre de la nature, pour son modele dans la vertu, & pour son patron singulier dans ses deuotions.

Neantmoins quoy que ces deux motifs fussent assez pressans pour leuer la crainte que donne vostre presence Auguste, l'occasion que ie diray m'a fait faire vn effort sur mon esprit, & m'a fait esperer de vostre Majesté vn accueil fauorable: Ie viens en la compagnée d'vne Reine, à qui vostre Palais ne sera iamais fermé, puisque vostre cœur luy est tousiours ouuert. Bien qu'elle ne fust Reine que de nom durant sa vie, elle reçoit apres sa mort des offrandes d'vne grande Reine en effet, & vostre pieté honore la Couronne dont le Roy des Roys a recompensé les victoires qu'elle a remportées sur les ennemis de nostre foy & de sa chasteté: Aussi, MADAME, vostre Majesté qui a plus d'égard au titre de Chrétienne, estant Epouse & Mere d'vn Roy tres Chréstien, qu'à celuy qu'elle porte iustement d'vne des plus grandes Princesses du monde, respecte cette ieune Sainte, non pas pour auoir esté du sang Royal, quoy que d'vne tres illustre maison, mais pour auoir répandu son sang pour celuy qui fait les Roys & les Princes IESVS-CHRIST.

Puis que par vne grace particuliere i'ay l'honneur d'estre de la suite de sainte Reine, & qu'elle a choisi l'Abbaye de Flauigny pour la depositaire de ses sacrées Reliques, i'ay deu l'accompagner dans le dessein qu'elle auoit de iouyr de vostre entretien, afin qu'vn mesme acte m'obligeast d'estre respectueux à vostre Maiesté, & obeyssant aux ordres de nostre sainte Patronne.

On s'étonnera peut estre que nostre Martyre apres son decez cherche les maisons Royales, & le support des puissances, puisque durant sa vie elle portoit vne haine irreconciliable au Lieutenant de l'Empereur, qui estoit la premiere personne des Gaules, & que mesmes les delices de sa maison paternelle luy donnoient du degoût: mais qui ne voit que les raisons qui l'obligeoient de fuir la Cour en vn siecle idolatre, la contraignent de la suiure en celuy-cy? au lieu de la cruauté d'Olibre, elle trouue de la compassion en vostre cœur tout Royal, & les importunitez qu'on luy rend luy sont tres agreables, puis qu'elles l'obligent à répandre vne infinité de benedictions; au lieu de ses parens aueuglés de la superstition elle trouue, MADAME, en vostre Palais vne seur, oüy vne seur, puisque vostre pieté vous a rangée dans la tres illustre Confrairie de Sainte Reine, en l'Eglise de saint Eustache vostre Parroisse, & elle trouue vn Frere qui est Monseigneur le Duc d'Anjou, puisque vostre Majesté l'a fait enroller en cette sainte deuotion; tellement que si elle disoit à son Pere auec les Leuites, ie ne vous connois point pour mon Pere, elle vous tient auieurd'huy ce langage bien different. [Ie vous connois pour ma seur & par vostre Nom, car il est écrit dans la Confrairie du mien: Ie desire vous communiquer ma vie, puis que vous m'auez éleüe pour Patronne, mais ie vous visite encor apres ma mort, pour vous faire vne priere au mesme temps que ie reçois les vostres; Ie suis originaire de la France, & vne des premieres filles qui a empourpré ce Royaume de son sang, ie souhaite que mes dépoüilles enrichissent pour tousiours vne patrie où ie suis née, & où vous commandés. Comme par le passé ie luy ay seruy d'Ange tutelaire dans toutes ses plus vrgentes necessitez, ne souffrez pas ie vous supplie que contre toute apparence on me relegue maintenant en Allemagne, par vne Translation controuuée & chymerique. Ie vous demande iustice comme à la chere compagne de LOVYS LE IVSTE, & i'ay recours à vostre protection, comme à la plus puissante Reine de l'Europe.

Voila, MADAME, les desirs de cette innocente fille Vierge, que ie couche sur le papier par son commandement: car comme elle n'est pas tout à fait satisfaite de la peinture de sa vie que ie donne au public sous vostre Nom Auguste, elle souhaite que ie sois encor son interprete, pour asseurer toute la France que iamais ce glorieux depost n'a quitté vostre Royaume, & que s'il y a des Eglises en cette Monarchie qui se puissent glorifier d'estre annoblies de quelques-vns de ses os virginaux, comme vostre Parroisse Royale de saint Eustache, l'Allemagne n'a iamais pû legitimement se vanter de la possession d'aucune parcelle.

Vne verité si claire n'auoit pas besoin de l'Apologie qui suit la vie & le Martyre de sainte Reine: Toutesfois, MADAME, cette innocente Vierge m'a commandé de la dresser, non seulement pour le bien de quelques ames trop credules, qui ont pû se tromper, ne regardans que par les yeux d'autruy; non seulement pour reconnoissance de la faueur qu'elle a faite à nostre Monastere de Flauigny, Ordre de S. Benoist, de l'auoir choisi pour le Depositaire d'vn si rare thresor; non seulement pour son interest, puis qu'elle veut incessamment animer de sa presence, vn Royaume qui luy a donné la vie; mais particulieremeut pour vostre gloire, puis que ses venerables Reliques sont les plus beaux fleurons de vostre couronne. Mais, MADAME, si de sa part elle souhaite vous la conseruer, de la mienne ie n'auray iamais de plus violens desirs, que de la voir briller auec vn éclat qui ne ternisse iamais. Toute nostre Congregation qui doit ses progrez à vos bontés, comme sa naissance à vostre tres cher Mary, & nostre inuincible Monarque Louys le Iuste de glorieuse memoire, offre ses veux pour ce sujet, & moy en mon particulier, comme celuy qui veut viure & mourir,

MADAME,

De Vostre Majesté

Le tres-humble & tres-obeyssant seruiteur & sujet, F. Georges Viole, Religieux Benedictin, de la Congregation de S. Maur en France.

Approbation des Docteurs.

NOVS soubsignez Docteurs en la Faculté de Theologie à Paris, de la maison de Sorbonne, certifions auoir leu *La Vie de Sainte Reine, auec vne Apologie pour prouuer que le Corps de la mesme Sainte est en l'Abbaye de Flauigny, par Dom Georges Viole Prestre, Religieux de la Congregation de S. Maur*, où nous n'auons rien trouué contraire à la foy Catholique, Apostolique & Romaine, ny aux bonnes mœurs. En foy dequoy nous auons signé la presente, à Paris le 26. Aoust 1649.

HEMERE'. GRANDIN.

La Confrairie S. Reine, fondée en l'Eglise Parrochialle S. Eustache à Paris.

Antienne & Oraison de Sainte Reine.

GLoriosæ Virginis & Martyris Reginæ animam cunctis intuentibus Angeli susceperunt glorificantes Dominum qui est mirabilis in sanctis suis.

℣. Ora pro nobis beata Virgo & Martyr Regina.

℟. Vt digni efficiamur promissionibus Christi.

Oremus.

OMnipotens sempiterne Deus qui nos beatæ Reginæ Virginis & Martyris tuæ confessione inclita circundas & protegis, præsta nobis eius imitatione proficere & oratione fulciri: vt ipsius semper adiuuemur meritis, cuius beatitudinis irradiamur exemplis. Per Christum Dominum, &c.

La Feste est le septiéme de Septembre.

Oraison à Sainte Reine.

O Vierge innocente, Glorieuse Martyre, & tres illustre Epouse de Iesus-Christ, souffrirez-vous qu'vne chetiue creature humiliée dans le plus profond de son neant, ose leuer les yeux au Ciel pour reclamer vos faueurs? Si vous considerez mes demerites, & l'inegalité de ma vie auec la vostre, ie n'attens de vous que des effets de rigueur, puisque ie rougis moy-mesme à la veüe de mes crimes, mais par ce que le Fils de Dieu vous a fait bonne part de ses tendresses, aussi bien que de sa couche & de son Royaume; i'espere que l'adueu de mes fautes vous obligera de m'en obtenir le pardon, plustost que d'en poursuiure le chastiment. Exercez donc vostre grande misericorde sur ma grande misere; par ces chaines qui vous attachent auec tant de cruauté, déliurez moy des liens inhumains du vice dont ie suis captif depuis tant de temps, où si vous me faites part de vostre ceinture, quelle me donne comme à vous la continence & la pureté. Par ces tourmens qui ont affligé vostre corps virginal, déliurez moy de ceux que ie souffre, où si vous desirez que mes peines cõtinüent, offrez-les à Dieu pour sa gloire, pour vostre honneur, & pour ma sanctification, Par cette Colombe qui vous appelle au Ciel, priés le S. Esprit qu'il descende en mon ame, & puisque la mort ne vous a pas rauy la puissance, impetrez à mon cœur la fidelité qu'il doit à son Dieu, de mesme qu'en mourant vous éclairastes du flambeau de la foy tant d'ames qui viuoient en l'ombre de la mort. I'attens de vostre pieté, ô pure Vierge, l'effet de mes Oraisons dans la terre, & l'accomplissement de tous mes desirs dans le Ciel, où en qualité de Reine vous iouyssez à iamais de la presence de vostre cher Epoux Iesus-Christ, auquel soit honneur & gloire à iamais. Ainsi soit-il.

S. REINE VIERGE ET MARTIRE

Dont les S.tes Reliques et Chesnes miraculeuses sont conserucées dans l'abbaye de Flauigny en Bourgongne et honorces des pelerins qui y acowrēt de touttes pars.

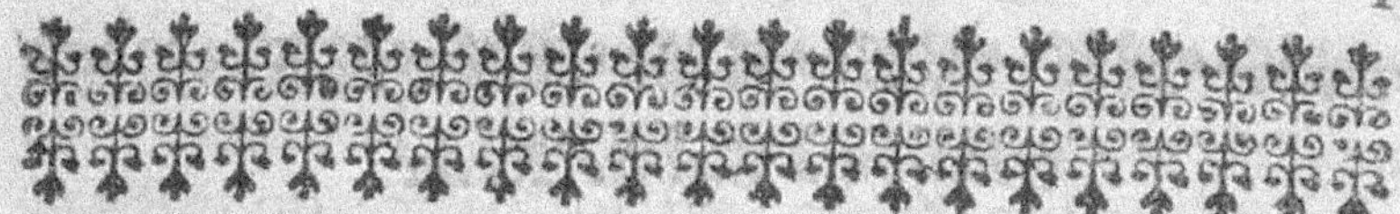

LA VIE DE SAINTE REINE VIERGE ET MARTYRE.

Chapitre Premier.

Sainte Reine tire ſon origine de parens nobles, mais idolâtres.

IL ſemble que l'Epouſe des Cantiques, par vn eſprit de prophetie, ait prononcé en faueur de la France, quand elle a dit que ſon Bien-aimé prenoit plaiſir à ſe trouuer parmy les lys ; non ſeulement pource que ce Royaume les a choiſi pour ſa deuiſe & pour ſes armes ; mais plus particulierement en ce qu'eſtans le Symbole de la pureté virginale, dont le diuin Eſpoux fait ſes plus cheres delices, il n'y a point de nation qui luy ait donné des Vierges plus parfaites & plus accomplies que la France. Cette verité eſt trop connuë pour en faire la preuue ; & quand elle ſeroit neceſſaire, la vie ſeule de Sainte Reine (dont ie pretens icy de deſcrire les victoires & les Triomphes) à qui l'Eminence de ſes vertus, mais ſur tout de ſa pureté a fait meriter vne couronne dans le Ciel, dont elle portoit desia icy bas en terre les heureux presages dans son Nom, est suffisante de iustifier ma pensée. Cette innocente Vierge nasquit l'an de nostre salut deux cens trente-huit, sous l'Empire de Maximin, dans vne ville de la Duché de Bourgongne au Diocese d'Autun, nommée Alize, autrefois des plus puissantes & recommandables de la Prouince; mais à present, par vne decadence qui ne luy est que glorieuse, elle n'a plus d'autre reputation que celle que luy donnent la Naissance & les Miracles de cette Sainte.

Son pere se nommoit Clement, l'vn des premiers Seigneurs du pays, mais aussi des plus idolâtres & des plus inhumains, pource qu'oubliāt les sentimens de la nature, & l'amour qu'il deuoit à son sang, pour n'écouter que les pernicieuses maximes du culte superstitieux de ses fausses diuinitez, il ne pût souffrir que sa Fille fut éleuée auprés de soy, la chassant hors de sa maison dés aussi-tost qu'il s'apperceut qu'elle auoit succé le laict de la pieté Chrestienne auec celuy de sa nourrice.

CHAPITRE II.

Prouidence de Dieu sur cet Enfant, luy donnant vne Nourrice Chrestienne.

ON tient que sa Mere mourut dans ses couches, comme nous voyons que la lune s'éclipse au leuer de l'Aurore ; ce que Dieu permit par vne disposition particuliere de sa diuine Prouidence, afin que ce beau lys de la grace ne fust pas long-temps parmy les épines du Paganisme, crainte qu'elles n'alterassent son innocente beauté qu'il se reseruoit pour soy, & dont il voulut prendre soin, en luy donnant de sa main vne nourrice chrestienne qui luy fit donner la mammelle de l'Eglise au sacré Baptesme, deuant qu'elle l'allaictât des siennes.

A peine ce bouton eust-il poussé, que le Ciel fit aussi-tost distiller dessus l'influence de sa rosée pour le faire entierement épanoüyr ; comblant son ame de tant de graces & de benedictiõs, qu'encores qu'on ne penetrât point dans les secrets de Dieu qui vouloit faire de sa Bien-aimée vn miracle de Sainteté, on iugeoit bien dés lors qu'elle estoit destinée pour quelque chose qui passoit le commun.

CHAPITRE III.

S. Reine dés son enfance pratique auec plaisir les exercices d'humilité, & souhaite le Martyre.

TErtulien a dit sagement que l'air des villes est souuent le poison de la pudicité, & qu'il est difficile de conseruer long-temps la beauté d'vne fleur quand elle est souuent maniée : aussi Reine qui ne vouloit plaire qu'à

Dieu, que la foy luy apprenoit eſtre par tout, prefera la ſolitude de Grignon aux plus charmantes compagnies de la ville d'Alize; & pour tromper innocemment le temps, & donner aux filles de ſon âge & de ſa profeſſion des exemples d'vne humilité chreſtienne, elle y conduiſoit le troupeau de ſa chere nourrice qui permettoit cet employ plutoſt à ſa vertu qu'à ſa condition, s'apperceuant bien que ſon eſprit eſtoit ſaintement charmé du repos de la campagne, où elle auoit tout le loiſir de traitter auec ſon Dieu de ſes amours innocens. Auſſi c'eſtoit là que dans le fort de ſon oraiſon elle ouuroit ſon cœur comme vn baſſin d'vne claire fontaine, au diuin ſoleil de iuſtice, le priant de darder à plomb deſſus les rayons de ſa belle face pour y peindre ſon image, & le rendre vn portrait accomply de luy meſme. Son exercice le plus ordinaire, comme remarquent expreſſement les vieux Manuſcrits de ſa vie, eſtoit de lire les combats & les victoires des Saints Martyrs, & leur ſang répandu pour la querelle de ſon bon Maiſtre venant à rejallir iuſques ſur ſon viſage, luy imprimoit à ſon aduis vne honte & confuſion ſur le front de ce qu'elle tardoit tant à defendre les meſmes intereſts; ſe plaignant de la foibleſſe de ſon âge, qui faiſoit auorter les genereux deſſeins de ſon cœur.

CHAPITRE IV.

Dieu exauce les vœux de la chaste fille par l'arriuée d'Olibre Lieutenant de l'Empereur.

MAIS à peine eust elle atteint la quinziéme de ses années que Dieu fit naistre vne occasion fauorable, pour faire éclatter la fidelité de son Epouse, & mettre sa vertu dans son plus beau iour. L'Eglise estoit battuë en ce temps-là des plus furieux orages de la persecution des Gentils ; mais on ne laissoit pas de voir sur cette mer agitée autant d'Alcyons qui couuoient auec la chaleur de leur zele, & le merite de leur foy les esperances de leur salut, qu'il y auoit des courages inuincibles qui brauoient la rage & la furie des tyrans. Dece gouuernoit pour lors l'Empire des Romains qu'il s'estoit acquis par vn excez de cruauté, ayant fait massacrer les deux Philippes pere & fils qui estoiẽt Empereurs ; & n'estant pas moins cruel aux Chrestiens, il fit publier contre eux la septiéme persecution, enuoyant ses Edicts aux Gouuerneurs des Prouinces pour les faire executer de point en point. Celuy qui commãdoit és Gaules en qualité de Lieutenant de l'Empereur, se nommoit Olybre, (non pas celuy qui cinquante ans apres fit mourir la tres illustre Vierge & Martyre de Iesus-Christ sainte Marguerite; mais peut estre le pere de cettuy-cy, ou vn autre de mesme nom) lequel venant de Marseille à Alize pour informer contre les Chreſtiens, fit rencontre en ſon chemin de noſtre innocente bergere ; & comme la nature & la vertu auoient aſſemblé ſur ſon viſage toutes les perfections & les graces qui rendent vne beauté recommandable, il ne l'euſt pas plutoſt apperceu qu'il ſentit auſſi-toſt ſon cœur navré des fléches de l'amour qui mirent ſi auant le feu dans ſa playe qu'il fût impoſſible de l'eſteindre qu'auec le ſang de noſtre Sainte.

CHAPITRE V.

Olibre charmé de la beauté de S. Reine pretend de triompher de ſa pudeur & de ſa foy, mais en vain.

LE Lieutenant qui ſe plaiſoit en ſon mal fit arreſter ſon carroſſe pour mieux conſiderer ce viſage qui l'auoit bleſſé, & ſe plaiſant comme vn phrenetique dans les ardeurs de ſa fievre, ſe fit amener la Sainte, reſolu de l'épouſer ſi ſon extraction le permettoit; ou bien d'en faire à ſon plaiſir, ſi ſa naiſſance n'égaloit pas le rang qu'elle tenoit deſia dans ſes affections. Cette chaſte colombe qui n'apprehendoit rien tant que les ſerres de cet Epreuier, & qui craignoit auec aſſez de fondement d'eſtre la victime des ſales amours de cet impudique, ietta vn cry qui retentit iuſques au Ciel pour l'obliger à ſon party, & à la defenſe de ſa pureté. Ah Seigneur & mon Dieu, diſoit-elle, qui eſtes l'Espoux des ames chastes, & le protecteur des Vierges; qui auez aggrée le sacrifice que ie vous ay fait de mon ame & de mon corps, & qui voulez que ie ne viue que pour vous, souffrirez vous qu'vn autre triõphe de ma fidelité, & de la foiblesse de mon âge & de mon sexe, au prejudice de vostre honneur & du mien? Ne permettez pas, mon Dieu, qu'on m'enleue vn thresor dont ie ne suis plus que la depositaire, & qui est plus à vous qu'à moy, & s'il faut que ie meure pour le mieux conseruer, ie ne sçaurois trouuer vne mort plus heureuse que celle qui me rendra doublement vostre comme Vierge, & comme Martyre. Les gardes du Lieutenant connûrent bien à ce discours que cette Fille estoit Chrestienne, & qu'il faudroit bien donner des cõbats deuant que de gangner vne seule victoire sur son esprit, qui n'auoit rien de foible, ayant desia triomphé de toute la puissance des Gaules dans la personne de leur Prince qui s'estoit rendu son esclaue.

Olybre neantmoins n'écoutant que la voix de sa passion qui luy suggeroit tout horsmis la verité, & ce qui estoit de raison ne pût pas se persuader que rien fust capable de s'opposer à ses desseins; mais comme on l'asseura que cette Fille estoit chrestienne, il voulut publiquement l'interroger là dessus, tant pour se tenir à la forme des Edicts, que pour se donner plus d'empire & d'authorité sur son esprit, & commanda à cet effect qu'on la luy reſeruât iuſqu'au lendemain.

CHAPITRE VI.

Sainte Reine dans ſa priſon ſe munit de conſtance pour ne pas ceder aux artifices du Tyran.

LA Sainte profita de ce loiſir pour l'employer à l'oraiſon, iugeant bien qu'on luy liureroit de rudes aſſauts contre leſquels ſon ſexe & ſa nature trop foibles n'eſtoient point à l'épreuue s'ils n'eſtoient ſecourus des aſſiſtances de la grace. On en vouloit à ſon Bapteſme & à ſa beauté, qui tourmentoient également l'eſprit de ſon Iuge, & qui allumoient dans ſon cœur deux paſſions bien contraires, telles que ſont l'amour & la hayne : pour aſſoupir le feu de celle-là, il faloit qu'elle ne fuſt plus Vierge; & pour contenter cette-cy, il falloit qu'elle renonçaſt au Chriſtianiſme. Mais n'ayant pas moins de paſſion pour la defenſe de l'vn que pour la conſeruation de l'autre, elle ſe reſolut de combattre genereuſement tant pour les intereſts de ſon honneur, que pour ceux de ſa Religion. L'heure eſtant venüe pour comparoiſtre deuant le Iuge, elle ſe munit du ſigne de la Croix qu'elle imprima ſur ſon front, ſur ſa bouche, ſur ſon cœur, ſur ſes reins, & ſur les parties les plus notables de ſon corps, faiſant voir en cela les resolutiõs efficaces de son cœur à defendre la querelle de son bon Maistre; & combien elle faisoit gloire d'estre à son seruice, se parant si auantageusement de ses liurées.

Chapitre VII.

La grace fortifie cette ieune fille, & la rend victorieuse d'Olibre pour la seconde fois.

OLibre ne vid pas si tost entrer la Sainte dans le Pretoire auec vne démarche qui estoit veritablement de Reine; que considerant le port maiestueux de tout son corps, auec les graces & les beautez qui éclatoient sur son visage, il sentit encores son cœur frappé d'vne atteinte plus viue que le iour precedent; & ne pouuant s'empescher de faire en mesme temps l'office de Iuge & de partie, taschoit subtilemẽt d'accorder les interests de ses sales amours auec ceux de la Religion, meslant le feu de son infame passion auec l'encens de ses fausses diuinitez. Comme neantmoins il se persuadoit, que l'ayant destachée des chastes embrassemens de son Espoux Iesus-Christ, il la rendroit plus soupple à ses volontez, il ne luy fit autre instance pour ce coup, que sur ce point; luy demandant qu'elle estoit son nom, sa race, & sa Religion : à quoy la sainte Fille respondit auec autant de modestie que de resolution. On m'appelle Reine, & pour ce qui est de mon extraction, bien qu'elle soit des plus illustres du pays, la plus haute neantmoins de mes qualitez est d'estre l'vne des plus petites seruantes de Iesus-Christ, mon Seigneur & mon Dieu. Pauure abusée, repliqua le Prefect, est-il possible que tu mettes ta gloire dans l'ignominie de ce Galileen, que l'vn de nos Iuges Romains a fait cloüer en Croix pour punition de ses crimes atroces? Ouy certainement, repartit la Sainte, ie tiens à honneur de luy appartenir par le droit d'vne nouuelle naissance que i'ay tirée de luy sur les sacrez fons du Baptesme; & ie veux bien que vous sçachiez que ie suis entierement disposée de sacrifier ma vie à son seruice, pour maintenir ses loix, qui sont les veritez de l'Euangile qu'il nous a preschées, & que ie suis preste de signer de mon sang. Ie ne sçay si l'amour l'emporta icy dessus la cruauté; ou bien si le prefect admirant son ieune âge se persuada que le temps luy feroit changer de resolution; car il ne passa point outre à ce premier interrogatoire, & se contenta de la faire serrer en prison tandis qu'il seiourneroit en Allemagne où quelques affaires d'importance l'appelloient.

CHAPITRE VIII.

L'innocente Vierge dans vne longue & cruelle prison est ceinte d'vne chaine de fer qui luy rauit le repos, Martyre inouy & du tout insupportable aux forces de la nature.

LA tradition du pays qui s'est conseruée iusques à present, porte que cette illustre prisonniere fut enfermée pendant tout ce tẽps-là dans l'vne des tours du Chasteau de Grignon qui appartenoit à son pere ; quoy que d'autres asseurent auec assez de probabilité, que ce fut à Flauigny, ce qui passe pour vne verité si constante dans l'esprit des peuples, que plusieurs pelerins qui viennent visiter l'Eglise de ce Monastere, demandent auec instance qu'on leur monstre la prison de sainte Reine ; laquelle ils croyẽt estre cette voute ou Chappelle soûterraine qui est sous le grand Autel. Mais sans nous arrester à determiner le lieu de sa captiuité, c'est vne chose hors de doute qu'elle y souffrit beaucoup, tant à cause qu'Olibre sejourna long-temps en Allemagne ; que parce qu'elle estoit entre les mains d'vn pere impitoyable qui ne luy voulut rien relascher des seueritez ordonnées par le Iuge, qui auoit commandée qu'on ceignist son corps tendre & delicat d'vn anneau de fer, arresté par le moyen d'vne serrure, à trauers laquelle paſſoit vne chaiſne de quarante-ſept chaiſnons, & longue d'onze pieds, qui eſtoit attachée aux deux extremitez à la muraille par des crampons & clauettes de fer; de maniere que la ſainte Fille demeuroit debout iour & nuit ſans pouuoir chãger de place. Cette chaiſne, qui eſt vn des plus notables inſtrumens de ſon Martyre, a touſiours eſté tenüe en grande veneration par les Fideles, & eſt ſoigneuſement gardée dans l'Abbaye de Flauigny; où l'on iuge aſſez par la petite circonference de l'anneau qui entouroit ſon corps, qu'il eſtoit fort delicat, & incapable de ſouffrir vn tourment ſi cruel, ſi l'eſprit & la grace qui l'animoient ne luy euſſent donné des forces ſuffiſantes pour le ſupporter auec patience. Mais pendant que ſon corps eſtoit ainſi dans les entraues & à demy courbé ſous la peſanteur de ſes fers; ſon eſprit prenoit ſon eſſor auec plus de liberté iuſques dans le ſein de Dieu, où (à guiſe de l'aigle qui va ſe percher ſur les plus hauts cedres du Liban pour en arracher la moüelle) elle puiſoit les conſolations qui charmoient par apres tous les ennuis de ſa priſon. Car d'en attendre des hommes, outre que ſon cœur les euſt refuſées, c'eſtoit vne choſe impoſſible; d'autant que la cruauté auoit ſi bien fermé toutes les aduenües qu'elle n'eſtoit viſitée de perſonne, ſinon d'vn chreſtien nommé Theophile, lequel trompant la veüe de ſes gardes, ou bien par la tolerance de ſon pere, luy apportoit du pain & de l'eau pour ſuſtenter ſa pauure vie.

CHAPITRE IX.

Le Lieutenant interreſſe les Dieux dans leur cauſe & la ſienne, mais ils demeurerent inſenſibles à ſes veux auſſi bien que Reine.

OLybre eſtant de retour de ſon voyage d'Allemagne, s'informa de la poſture & contenãce de ſa priſonniere, & apprenant que ſon cœur eſtoit auſſi fermement attaché à ſon Dieu, que ſon corps l'eſtoit à la chaine dont il l'auoit fait garrotter, s'imagina que ſes dieux ne ſeroient pas moins puiſſans que celuy de la Sainte, pour triompher de ſon courage. Tellement qu'il leurs fit des ſacrifices abominables, pour les engager à prendre le party de ſa paſſion, en defendant le leur. Mais ces ſtatuës n'auoient garde d'échauffer le cœur d'vne fille eſtant auſſi froides que le marbre dont elles eſtoient eſtoffées. Il ſe l'a fit preſenter pour la ſeconde fois, afin de luy faire la guerre auec les yeux, employant toutes les careſſes & mignardiſes que l'amour pouuoit inuenter pour addoucir ſon humeur heureuſement farouche & ſaintement opiniaſtre. Il luy iura ſur les Dieux tutelaires de l'Empire Romain, que ſi elle vouloit leur ſacrifier & ſe rendre à ſes volõtez qu'il la feroit la premiere dame des Gaules, pour partager auec luy les premiers honneurs de ſa charge. Mais cõment eſt-ce que ce diamant ſe rendroit à de ſi foibles attaques, puiſque meſme il ne pliera point ſous les coups de marteau?

CHAPITRE X.

La cruauté des tourmens ſuccede à la douceur des prieres d'Olibre.

OLibre ne deſeſpere pas, mais croyant qu'il emportera de force ce qu'il n'a pû obtenir par prieres, & que le cœur de la Sainte pourra, comme les perles, fondre & ſe diſſoudre dans le vinaigre, change ſes douceurs en amertumes, ſon amour en haine, & ſes careſſes en cruautez; commandant aux bourreaux de la dépoüiller, & l'eſtendre toute nüe ſur vn cheualet pour y eſtre cruellement foüettée. C'eſt icy que l'on veid ce beau lys parmy les épines, qui le firent bien-toſt changer en vne roſe par la teinture de ſon ſang qui ruiſſeloit de tous coſtez. Ce ſpectacle ſi tragique tira des larmes des yeux de toute l'aſſiſtance, tandis que ceux de la Sainte eſtoient pleins de feux innocens qui charmoient meſmes ſes bourreaux, & qui témoignoient aſſez l'ardeur de ſon courage à ſouffrir pour la cauſe de ſon bon Maiſtre.

Ceux qui connoissoient la grandeur de sa naissance & de son merite, luy suggeroient sans cesse d'obeyr aux volontez du Lieutenant; & les ieunes filles d'Alize qui l'auoient tousiours regardée comme vn miracle de beauté, & qui voyoient que ce soleil ne paroissoit plus qu'à trauers la nuée qui l'alloit faire éclipser, ne pouuoient s'empescher de luy dire Ah Reine! quelle beauté perdez-vous auiourd'huy pour ce Crucifié? faites ce que vous dit le Prefect, & adorez les Dieux de vos ancestres & de vostre patrie.

CHAPITRE XI.

S. Reine combat par la generosité de son cœur, & la liberté de ses paroles, la fausse compassion des filles d'Alize, & les supplices du Tyran.

IL faut auoüer que ce discours émeut cette genereuse Vierge, mais non pas selon le dessein de ses fausses amies, car Reine bouchant ses oreilles au chant melodieux de ces Sirenes qui ne luy parloient de la sorte que pour l'attirer dans le precipice, leur repartit de bonne grace: Qu'elle s'estonnoit que leur charité eust plus de cruauté que de tendresse, & plus d'impieté que de compassion. Que c'estoit luy rauir la plus glorieuse de ses conquestes, que de luy enleuer le cœur de son Espoux, pour la posſeſſion duquel elle eſtoit reſolüe de combattre iuſques à la derniere goutte de ſon ſang; Qu'elle s'eſtoit donnée à luy auec des proteſtations de ſeruice & de fidelité ſi inuiolables, que ny les tourmens, ny la mort ne luy feroient rien faire qui fût indigne de l'honneur qu'elle auoit de luy appartenir: Au reſte qu'elle eſperoit que ſa patrie ne receuroit point de deshonneur de ſa conſtance, & que comme elle ſeruoit maintenant de champ de bataille à ſes victoires, qu'elle ſeroit auſſi quelque iour le Theatre de ſes Triomphes. Ce diſcours fut vn coup de tonnerre au Iuge malheureux qui luy fit enfanter, & mettre au iour les derniers auortons de ſa rage contre la Sainte; dont le cœur neantmoins, comme vne pierre à feu qui eſt frappée par le fer, ne produiſoit que des eſtincelles d'amour pour ſa conuerſion, & pour celle des autres idolatres qui aſſiſtoient à ſon Martyre. Il commanda qu'on luy arrachât tous les ongles; & qu'eſtant ſuſpendüe en l'air on luy deſchirât la peau de tous coſtez auec des peignes de fer. Il me ſouuient à ce propos de ce qu'écrit Pline des figuiers d'Egypte, dont les fruicts ne ſont iamais plus ſauoureux que lors qu'on les a cardez, & fait des inciſions auec le fer dans leur eſcorce. Car iamais la Sainte ne parût ſi ioyeuſe ny ſi affable à ſes bourreaux que pendant cette execution ſi ſanglante. On euſt dit que la tragedie ne ſe ioüoit que pour les aſſiſtans

qui

qui fondoient tous en larmes, & qui destournoient leur face pour ne point voir ce spectacle d'horreur; le Tyran mesme n'ayant pas le courage de la regarder en cette posture se couurit la face de son manteau, monstrant par là qu'il faloit bien que sa cruauté fust excessiue, puisque la veüe seule des supplices qu'il ordonnoit luy donnoit de l'auersion, & le mettoit en transe. Il ne laissa pas toutefois de la sommer encores de sacrifier aux idoles, afin qu'il ne l'obligeât point d'acheuer à ses dépens vne si funeste catastrophe; luy alleguant que ses playes toutes sanglantes estoient autant de bouches qui luy reprochoient son opiniastreté; & que c'estoit folie de croire qu'vne Fille si ieune, si foible & si delicate comme elle, peust endurer le reste des tourmens qu'il luy auoit preparez, dont ceux-cy n'estoient que les commencemens & les premiers essais. La Vierge ne répondit qu'à son blaspheme, l'appellant luy mesme insensé de croire qu'il y eust d'autres Dieux que celuy qu'elle adoroit, qui estoit le Createur du Ciel & de la terre.

CHAPITRE XII.

Vne lumiere & vision du Ciel recrée nostre Martyre, qui fut guerie de toutes ses blessures.

VOila sommairement quel fut le second acte de cette tragedie, où les tourmens de Reine ne finirent qu'auec le iour ; si toutesfois nous deuons appeller la fin de ses tourmens, vne affreuse prison où elle fut confinée durant le reste de la nuict : car ie puis dire que c'est là où son cœur, pour estre plus semblable à celuy de son Bien-aimé au Iardin des Oliues, souffrit veritablement le Martyre par les viues atteintes d'vne profonde tristesse qui la saisit, & qui luy faisoit douter que son bon Maistre ne l'eust abandonnée. L'obscurité de cette prison où elle estoit toute seule ; le souuenir de ses combats precedens, & de ceux qui deuoient bien-tost suiure ; outre les cuisantes douleurs qu'elle ressentoit de ses playes, estoient les cruels ministres & bourreaux de ce supplice interieur, qui l'attaqua par son foible, ie veux dire comme vne Fille d'Adam delaissée à sa nature, & sans le secours sensible de la grace qui s'éclipsa pour vn temps à dessein, afin de briller en suite auec plus d'éclat, & luy faire mieux connoistre le besoin que tous les hommes, & & mesme les plus saints, ont de son assistance. Mais cette furieuse tempeste qui s'éleuoit contre le vaisseau de son cœur, ne produisit rien qu'vne douce pluye de larmes qu'elle répandit deuant son Bien-aimé dans le fort de son oraison, apres laquelle vint le beau temps, & ce diuin Soleil de Iustice luy apparût plus beau & plus rayonnant que iamais, n'ayant permis l'obscurité de ces tristes nuages que pour luy rendre sa visite plus douce & fauorable. Car son esprit estant fortifié comme celuy d'vn saint Paul par les souffrances & infirmitez du corps, fut rauy en extase, & luy sembla voir sur la minuit vne grande Croix qui touchoit de la terre au Ciel, comme autrefois l'eschelle de Iacob, au sommet de laquelle estoit vne Colombe d'vn plumage tout blanc qui luy disoit ces mots. [Ie vous salüe Vierge plus Reine d'effect que de nom, embaumée de l'onguent pretieux de vos heroïques vertus, entre lesquelles vostre virginité & patience ont tissu la belle couronne qui vous est reseruée dans le Ciel.] Elle connût bien à cette voix que c'estoit son Espoux Iesus-Christ qui luy parloit, & ne pouuant assez admirer sa Bonté, luy en rendit des actions de graces par vn Cantique qu'elle conceut presque en mesmes termes que celuy des enfans qui estoient enfermez dans la fournaise de Babylone. L'effet qui suiuit cette vision fit bien connoistre qu'elle n'estoit pas imaginaire, car elle fut en vn instant guerie de toutes ses playes, & son courage si puissamment fortifié qu'elle brauoit desia le Tyran pour en receuoir de nouuelles & plus sẽsibles que les premieres. Durant cet entretien & pourparler amoureux de la Sainte auec son Espoux, Theophile son cher nourricier, de qui nous tenons cette histoire, estoit au pied d'vne fenestre qui regardoit sur la prison, lequel n'oza point l'interrompre pendant tout le temps que dura cette conference, iugeant bien par cette lumiere qui auoit dissipé les tenebres de ce sombre cachot, que c'estoit vne visite du Ciel. Mais le colloque estant finy, il l'appella pour luy faire prendre sa nourriture, qui estoit vn peu de pain & d'eau, & s'entretint long-temps auec elle sur le sujet de cette vision ; dont la Sainte luy découurit, comme à son confident, tous les secrets & les mysteres.

CHAPITRE XIII.

Sainte Reine plus belle & plus constante que iamais, deuient le nouuel obiet de l'amour, & de la cruauté du Tyran.

LE lendemain au matin Olybre la fit comparoistre en public pour acheuer la tragedie ; mais la voyant plus belle que iamais & en pleine santé sans aucune apparence de playes, dont son corps estoit tout couuert le iour precedent, il ne sceut que iuger d'vn si rare prodige, sinon ou que c'estoit vn effet de la magie, ou de la bonté de ses Dieux qui luy vouloient conseruer cette ieune beauté pour recompense du zele qu'il auoit à maintenir l'honneur de leurs Autels. Tellement que les ardeurs de son cœur se renouuellans auec ce printemps de beauté , il fit encores vne fois l'amoureux &

l'idolatre par des soubmissions aussi pernicieuse à sa conscience qu'honteuses à sa profession. Mais nostre chaste vierge ne pouuant plus supporter ces infames cajolleries, comme si l'amour luy eust fait plus de mal que la cruauté, parla à cet impudique en ces termes. [Que veut dire cela, ô Prefect, que vous me traittiez maintenant en qualité de Maistresse, & vous de seruiteur ? Quel changement est-ce icy ? suis-ie moins coupable aniourd'huy que ie n'estois hier, & vous moins zelé pour l'honneur de vos Dieux, que vous n'estiez auparauant. Ie voy bien ce que c'est, vous ne vous seruez de vostre Religion que comme d'vn masque pour mieux couurir vos honteuses pratiques, & corrompre auec impunité la beauté & l'innocence des filles chrestiennes ; mais nous sommes les vnes & les autres trop fideles à Dieu & curieuses de nostre honneur, pour soüiller de quelque amour profane nos cœurs que nous auons entierement voüez & consacrez à son seruice. Vous feriez donc bien mieux, Olybre, de ne reconnoistre point d'autre Maistre que le vray Dieu que i'adore, & de vous dire son seruiteur comme ie suis sa seruante, sans prostituer vostre ame par des attaches criminelles aux creatures.] Ce fut icy l'arrest de condemnation contre nostre Sainte, qu'elle prononça elle mesme, sçachant bien que cette innocente liberté de paroles, luy cousteroit la vie. En effet

Olybre qui n'estoit pas moins picqué des remords de sa conscience, que de ce reproche de la sainte Vierge; ioüa de son reste par vn excez de cruauté, qui ne seruit qu'à faire connoistre sa foiblesse, & la puissance inuincible de celle dont il pensoit venir about.

CHAPITRE XIV.

La Vierge ayant passé par les feux & les eaux reçoit du Ciel vne Couronne, & est consolée par la conuersion de plusieurs Idolatres.

IL n'y a rien d'impossible à la grace, car bien que le Tyran fit attacher nostre Sainte sur vn cheualet en forme de Croix, comme on la void representée dans les anciennes peintures de l'Eglise de Flauigny, & luy fit brûler les costez auec des torches ardẽtes; Neantmoins elle plus contente en cette posture, que si on l'eust fait asseoir sur le Thrône des Empereurs, remercioit son bon Maistre de ce qu'il luy faisoit porter dãs ce tourmẽt les marques & les liurées de sa Croix. Le Iuge s'apperceuant qu'elle auoit de la complaisance & satisfaction particuliere dans ce tourment, quoy qu'il fut plus sensible que tous les autres, la fit promptement détacher & ietter pieds & mains liez dans vne grande cuue d'eau froide, afin que passant d'vne extremité à l'autre, ses douleurs fussent plus aigües &

difficiles à supporter. Mais son cœur plein d'amour pour son Dieu, bruloit encores au milieu des eaux, & mesme tout l'Ocean n'estoit pas capable d'esteindre le feu de son ardente charité, *Aquæ multæ*, dit le Sage, *non potuerunt extinguere charitatem, nec flumina obruent illam.* Ce genre de Martyre ne seruit qu'à couronner sa patience victorieuse de tous les Elemens, apres auoir dés-ja triomphé des demons & des hommes. Aussi la mesme Colombe qui luy auoit apporté dans la prison l'oliue de la paix apres la tempeste & le deluge de ses larmes dont nous auons parlé, luy apporta icy visiblement la couronne de gloire en la felicitant sur le bon-heur de ses conquestes, & l'inuitant par ces termes à venir receuoir la recompense qui estoit deüe à ses merites. Venez Reine, luy dit-elle, regner heureusemẽt auec vostre cher Espoux qui vous attend dans le Ciel pour celebrer les nopces de ce diuin mariage, dont vous auez fait les fiançailles il y a si long-temps. Il ne fut pas difficile à cet inuincible courage de sortir du combat, puisque le champ de bataille luy estoit demeuré, & que le Ciel sonnoit luy mesme la retraite. Mais elle eut vne sainte passion deuant que de mourir de voir les premices des fruits de ses victoires, ie veux dire la conuersion de quelques ames qui fussent le prix de son sang, & cõme des gages que le Ciel luy donnât de la recompense eternelle qui luy estoit reseruée. Elle auoit souuent demandé cela dans ses prieres à son bien-aymé, & il luy accorda si liberalement, que huit cens & cinq personnes qui virent la Colombe qui luy estoit apparüe, & qui entendirent distinctemẽt comme elle l'appelloit au Ciel, se conuertirent sur le champ, & confesserent hautement qu'ils ne reconnoissoient plus qu'vn Dieu, qui estoit celuy que Reine adoroit, & qui auoit crée le Ciel & la terre.

Chapitre XV.

L'inuincible Reine tend le col au boureau, & rend son ame à Dieu purifiée par ses tourmens, & ses oraisons, mais particulierement par vn acte tres profond d'humilité.

Le rayon de la grace qui amolit ces cœurs, endurcit ce semble, celuy d'Olibre, qui dans le desespoir de pouuoir rien gãgner sur nostre Reine tant de fois victorieuse, la condamna d'auoir la teste tranchée, ce qui seruit de reproche à son extreme lascheté, & de couronnement aux actions glorieuses de cette Sainte. Le peuple ayant appris l'arrest de sa mort, accourut en foule au lieu destiné pour l'execution des criminels, qui estoit hors la ville d'Alize. Cette innocente criminelle y estant paruenüe, monta au lieu preparé, qu'elle regarda plutost comme le Theatre de ſes honneurs, que comme l'échaffaut de ſon ſupplice, & ayant obtenu, des commiſſaires deputez pour l'execution, vne heure de loiſir, tant pour faire ſa priere, que pour haranguer l'aſſiſtance ; elle parla auec tant de grace & de majeſté, tant de courage & de reſolution, qu'ayant rauy les yeux de tout le monde par les beautez de ſon viſage, & les cœurs par la force de ſon diſcours, il n'y eut perſonne qui ne luy donnaſt des larmes & des reſſentimens, voyant qu'vne fille ſi ieune, ſi noble, ſi belle & accomplie brauoit la mort auec tant de courage, qu'il ſemble qu'elle luy faiſoit peur. Et c'eſt encores vne choſe digne d'vne ſinguliere admiration, de ce qu'ayant vécu dãs la pureté & l'innocence de ſon Bapteſme, & eſtant dans l'acte du Martyre qui eſt le plus parfait de tous, elle ſe qualifioit publiquement du nom de pechereſſe, priant tous les Fideles qui eſtoient là preſens de luy meriter par leurs prieres & par leurs larmes le pardon de ſes pechez qu'elle alloit taſcher d'expier par l'effuſion de ſon ſang. N'eſtoit-ce pas là mourir le gouuernail à la main, & dans la poſture d'vne ame veritablement Chreſtienne ? Elle leur fit en ſuite vne feruente exhortation pour les animer à la perſeuerance, & terminant ainſi ſa vie par des actions de graces à la diuine Majeſté, auec des paroles ſi douces, ſi amoureuſes & pathetiques, on voyoit biẽ que ſon eſprit, ainſi qu'vne flãme celeste s'épuroit insensiblement, & ne respiroit rien plus que de s'aller ioindre à son principe, qui n'estoit autre que le cœur de son Espoux & bien-aimé Iesus. Son oraison acheuée elle tẽdit le col au bourreau auec la mesme cõstãce qu'elle auoit tousiours témoignée dans les autres actions de son Martyre; lequel faisant tomber sa teste de dessus ses épaules, fit monter son esprit au Ciel, qui y fut conduit visiblement par les Anges, compagnons de sa pureté virginale.

Voila comme ce bel astre de Sainteté apres auoir obligé le monde des rayons de sa foy, & de l'influence de ses rares vertus, acheua sa carriere, trouuant dans son couchant les lumieres de l'immortalité, qui font à present le midy de sa gloire dans le sejour des bien-heureux. Le docte Genebrard Religieux de l'ordre de S. Benoist, dit que cela arriua l'an de nostre salut deux cens cinquante trois le 7. iour de Septembre, qui est le iour de la principale feste de cette illustre Martyre, les combats & victoires de laquelle ont esté fidellement descrits, ou tous ou en partie, par des plumes fort celebres dans l'Eglise, comme par le venerable Bede, S. Antonin, Vincent de Beauuais, Monbricius, & par Monsieur André Duual Docteur de l'vniuersité de Paris, & Professeur au college de Sorbonne. Il en est aussi fait mention dans les œuures de l'Euesque Equilin, dans le Martyrologe Romain, dãs celuy d'Vsuard & d'Adon, &c.

Chapitre XVI.

Honneurs rendus à ſainte Reine depuis ſon decez. Les grands miracles qu'elle a operés. Diuerſes feſtes conſacrées à ſa memoire, & la deuotion vniuerſelle qu'on luy porte.

LEs Chreſtiens craignans la fureur d'Olibre & de ſes Miniſtres, ne pûrent point rẽdre tous les deuoirs de pieté au corps de cette ſainte, auſquels l'Egliſe & leur deuotion les obligeoient, mais ils l'enterrerent aſſez à la haſte au bas de la montagne d'Alize, & enfouyrent auſſi auprés d'elle la chaine de fer qui auoit eſté vn des plus rudes inſtrumens de ſon Martyre. Quelques ſiecles apres on bâtit ſur ſon Tombeau vne belle Egliſe, auec vn Monaſtere de l'ordre de S. Benoiſt, comme il appert par quelques anciens tiltres du Cartulaire de Flauigny. Mais le temps qui conſomme tout, & particulierement l'auarice de quelques Abbez Commendataires qui s'eſtoient iniuſtement approprié tout le reuenu de l'Abbaye, mirent preſque au neant ce S. lieu, iuſque-là qu'on ne ſçauoit plus l'endroit du Tombeau de la Sainte. Mais Cygil ou Egil eſtant Abbé de Flauigny, & deſirant de découurir ce precieux threſor pour enrichir ſon Abbaye de ce ſacré depoſt, en confera auec l'Eueſque d'Autun nommé Ionas, &

auec Solocone ſon ſuffragant, leſquels ayant conuoquez la nobleſſe du pays, outre tout le Clergé qui y vint en Proceſſion, & eſtans aſſeurez par quelques ſignes du Ciel, & ſur tout par vne Colombe qui voltigeoit en l'air, & qui ſe vint repoſer ſur le Tombeau de la Sainte, que c'eſtoit là où repoſoit ſon ſacré corps, Egil y fit creuſer ſes Religieux, qui découurirent vne grande Tombe de pierre, ſous laquelle eſtoient les oſſemens de ſainte Reine. Ils appellerent quelques manœuures pour la leuer auec leurs engins & inſtrumens accouſtumez; mais leur diligence eſtant ſans effet; l'Abbé iugea qu'il eſtoit plus à propos qne ſes Religieux qui deuoiēt iouyr de ce celeſte threſor en fiſſent eux-meſmes la recherche. Tellement qu'ayant facilement leué la pierre ils treuuerent deſſous le Corps de la Sainte, & ſon chef ſeparé encore couuert de ſes cheueux, & tout proche, la chaine de fer dont nous auons parlé. Dieu qui vouloit aſſeurer pleinement l'aſſiſtance que c'eſtoit veritablement le Corps de ſainte Reine, inſpira l'Abbé d'appliquer quelques-vns de ſes oſſemens ſur les yeux d'vn aueugle, dont l'vn s'ouurit auſſi-toſt pour voir la lumiere, l'autre demeurant dans ſon premier eſtat; à cauſe que cet homme (comme luy-meſme l'auoüa publiquement) n'auoit crû qu'à demy, doutant de la charité & du pouuoir de ſainte Reine en ſon endroit. Mais s'eſtant repenty de cette incredulité, & les saintes Reliques luy estans le lendemain appliquées pour la seconde fois, il receut aussi-tost vne pleine & parfaite guerison, le Corps de sainte Reine & sa chaine furent portez auec toute la pompe & solemnité requise à l'Abbaye de Flauigny, où on les a fidelement cõseruées iusques à present. Cette Translation arriua en l'an huit cens soixante quatre sous l'Empire de Charles le Chauue, petit fils de Charlemagne, comme il se lit dans les chartres authentiques de ladite Abbaye où tous les ans le 22. de Mars il s'en fait vne feste solemnelle, & le Dimanche deuant ou apres la Pentecoste se fait aussi vne procession generale des Religieux, du Clergé, & peuple de Flauigny suiuis d'vn grand nombre de Pelerins qui vont tous à Alize où est la fontaine miraculeuse de sainte Reine, & entre les autres Reliques on y porte son saint Chef, & sa chaine, dont vne fille qui represente la Sainte est entourée.

On fait aussi vne autre feste le 13. de Iuillet tant à Flauigny qu'à Alize, sous le tiltre de reuelation du Corps de sainte Reine, lors que son saint Corps qui auoit esté inhumé sous le grand Autel de l'Eglise, en fut leué pour estre mis dans vne riche chasse d'argent doré. Et nous trouuons dans les anciens Legendaires & Calendriers, mais particulierement dans ceux de Bourgongne, que cette ceremonie est souuent nommée du tiltre de Reuelation, ou Detection.

La Sainteté & les merites de cette illuſtre Vierge & Martyre, ſont ſi connus par toute l'Europe, pour les miracles continuels que noſtre Seigneur opere par ſon interceſſion, tant à ſon Tombeau qui eſt à Flauigny où repoſe ſon Corps qu'à ſa Fontaine d'Alize, que ce ſeroit choſe ſuperfluë d'en rapporter icy quelqu'vn. On en a imprimé des liures tous entiers; les Regiſtres de Flauigny & d'Alize en ſont pleins, les murailles de ces ſaints lieux ne diſent autre choſe, & le ſeul concours prodigieux de tant de Pelerins qui y viennent de toutes parts pour y trouuer la gueriſon de leurs maladies, eſt vn ſi fidele témoignage de la puiſſance & des merites de cette Sainte qu'on n'en peut douter.

CHAPITRE XVII.

Le Cœur de ſainte Reine ſe conſerue ſans corruption depuis quatorze cens ans.

LE langage du S. Eſprit eſt bien different de celuy du monde: ce qui eſt mort au dire de celuy-cy ne ſouffre qu'vn doux & agreable ſommeil, ou pour mieux dire eſt tout plein de vie ſelon celuy-là; ainſi toutes choſes viuent en Dieu, ainſi les Patriarches ne ſont pas morts par ce que Dieu n'eſt pas le Dieu des morts, mais des viuans. Ainſi dans noſtre ſujet on peut dire que ſainte Reine n'eſt pas morte, puis qu'elle agit si puissamment dans le monde, & mesme que le principe de ses actiõs qui est le cœur, demeure incorruptible depuis quatorze cens ans qu'elle signa de la derniere goutte de son sang les veritez de l'Euangile. Ce miracle tres grand & continuel que Dieu fait en sa faueur, est encor vne preuue tres certaine de l'affection particuliere que nostre sainte Vierge témoigne à sa chere patrie, qui est la Frãce, luy faisant voir plus clair que le iour, que comme son cœur demeure entier, & ne souffre aucune pourriture, de mesme que ses tendresses perseuereront à iamais & sans alteration pour vn Royaume ou elle a receu la vie de la nature & de la grace. Tellement qu'on peut esperer auec beaucoup de probabilité que ce cœur bien-aimé du Fils de Dieu demeurera tousiours dans cette incorruption, iusqu'au temps ou toutes choses seront renouuelées, afin qu'on puisse iuger par là que son cœur n'a iamais pû souffrir aucune alteration ny froideur pour l'Espoux des Vierges Iesus-Christ.

CHAPITRE XVIII.

De la veneration particuliere que l'on porte à sainte Reine en l'Eglise de S. Eustache de Paris, au sujet de la Confrairie qui y est erigée.

COmme Paris est la capitale du Royaume, elle ne cede à pas vne des autres villes de la France en pieté, & comme elle se glorifie

d'eſtre la demeure plus ordinaire de nos Roys tres Chreſtiens, elle a deſiré d'eſtre ſous la protection particuliere de noſtre ſainte Reine. La Parroiſſe de ſaint Euſtache qui eſt vne des plus nobles & plus nombreuſes de cette Royale Cité a voulu paraître auſſi la plus deuote en ce point par l'erection d'vne Confrairie des Fideles de l'vn & de l'autre ſexe, qui fut approuuée par noſtre tres-ſaint Pere le Pape Paul cinquiéme, l'an de l'Incarnation de noſtre Seigneur mil ſix cens huit, le troiſiéme des Kalendes de Septembre la quatriéme année de ſon Pontificat, auec pluſieurs Indulgences concedées à diuers iours par ſa Sainteté, comme il appert par la Bulle gardée dans les archiues de ladite Confrairie. Parmy pluſieurs cauſes qui luy donnerent commencement, en voicy deux notables & auerées par la voix publique, & par le témoignage des Meſſieurs qui en ſont preſentement les Adminiſtrateurs. La premiere, que pluſieurs perſonnes connuës d'vn chacun ayant fait le voyage de ſainte Reine à l'Abbaye de Flauigny auoient obtenu l'effet de leurs prieres, & receu miraculeuſement la ſanté par les merites de cette Vierge incomparable: La ſeconde, que Monſieur Goudier venerable Preſtre de ladite Parroiſſe, & qui apres vne longue, auſtere, charitable & tres pieuſe vie eſt mort en odeur de ſainteté, ayant eſté rendre ſes veux à la miraculeuſe ſainte Reine, apres auoir fait par la
meſme

mesme deuotion les voyages de Rome, de saint Iacques & autres, il fut témoin des merueilles que Dieu operoit par l'intercession de cette insigne Martyre; ce qui l'obligea de demander aux Religieux de saint Benoist gardiens de ce cher depost, des sacrées Reliques de cette Epouse de Iesus-Christ pour en decorer sa Parroisse de S. Eustache. Il en obtint, & à son retour fut instituée à sa sollicitation la tres pieuse Confrairie de sa chere Patrone, dont il prit luy mesme vn soin particulier par les ordres de son tres digne Pasteur & Curé Monsieur Benoist personnage non moins reconnu pour les deuoirs qu'il a rendus aux Saints, écriuant leurs vies, que pour sa rare erudition. Ce fut luy qui recommanda singulierement à ce bon Prestre de cultiuer la gloire & l'honneur d'vne si digne Vierge & Martyre, dont il esperoit de grands fruits pour le salut des ames, & la santé des corps, comme en effet on peut dire, qu'entre tous les Saints inuoquez dans la France, sainte Reine est vne des plus presentes à ceux qui recourent à elle comme à leur Asyle. Ainsi la prediction de Monsieur Benoist, & les desirs de Monsieur Goudier ont esté accomplis, car depuis l'établissement d'vne si sainte societé, plusieurs personnes ont receu des bien-faits miraculeux par l inuocation de sainte Reine en la Chapelle mesme où la Confrairie est instituée; ce qui l'a renduë vne des plus celebres & nombreuſes de Paris, & de toute la France : car non ſeulement la pluſpart des Parroiſſiens de ſaint Euſtache y ſont enrollés, mais encor beaucoup d'autres, & tous les iours la deuotion y croiſt auec le nombre, ſi bien qu'on peut reconnoiſtre par là, que noſtre ſainte Reine eſt beaucoup cherie du Roy du Ciel, puis que ſon Empire augmente ſans ceſſe comme celuy de Ieſus-Chriſt. Il eſt vray qu'elle a perdu le culte qui luy eſtoit rendu en Angleterre durãt l'exercice de la veritable Religion, mais les Confreres & Seurs de ſon nom doiuent ſuppléer dans S. Euſtache les honneurs qui luy ſont maintenant deniés en ce Royaume infidele. On reconnoiſt clairement que c'eſt ſon attente, & que c'eſt pour ce deſſein qu'en ſuite du ſchiſme qui a malheureuſement infecté cette Iſle, elle inſpira vn honneſte Marchand de la Parroiſſe de S. Euſtache de Paris, trafiquant pour lors en ces Contrées, & maintenant enterré proche le baluſtre de ſa Chapelle, d'apporter en France vne tres belle image de pierre, & l'a placer ſur le coin de l'Autel de ladite Chapelle. Là le peuple fait ſes prieres, & en reçoit les fruits.

CHAPITRE XIX.

Il y a pluſieurs Saintes de ce nom.

IL eſt bon d'auertir icy le pieux Lecteur, qu'il y a vne autre ſainte Reine dans le Catalogue des Saints de Flandre, dont la feſte eſt celebrée le premier iour de Iuillet, comme a remarqué Molanus dans ſon traicté des Saints de Flandre, Kaiſſius au threſor des reliques des Saints du meſme pays; & Dom Hugues Meñard Religieux de l'ordre de S. Benoiſt, & de la Congregation de S. Maur, en ſon Martyrologe Benedictin, au premier iour de Iuillet, & au ſecond liure de ſes obſeruations ſur ledit Martyrologe au meſme iour. Elle eſtoit niepce de Pepin Roy de France, & couſine de Charlemagne, le corps de laquelle repoſe au Monaſtere de Dinan en Flandre, où elle prit l'habit de S. Benoiſt auec dix de ſes filles.

Il s'en trouue encores deux autres du meſme nom, & du nombre des onze mil Vierges; les corps deſquelles repoſent dans quelques Egliſes d'Allemagne. Neantmoins le Martyrologe Romain ne fait mention que de noſtre ſainte Reine d'Alize, comme de celle qui a eu plus de vogue & de reputation dans l'Egliſe.

L'Apologie ſuiuante donnera encore beaucoup de lumiere pour pluſieurs particularitez de cette hiſtoire, & fournira pluſieurs beaux motifs pour honorer noſtre grande & inuincible Reine.

APOLOGIE POVR LA VERITABLE possession du Corps de Sainte Reine dans l'Abbaye de Flauigny en Bourgongne, contre vne Translation du mesme Corps que quelques-vns pretendent auoir esté faite en Allemagne dans l'Eglise Cathedrale d'Osnabrug en Saxe, sous l'Empire de Charlemagne.

Par Dom Georges Viole Religieux Benedictin, de la Congregation de S. Maur.

IL ne faut pas s'étonner s'il y a des Guerres entre les enfans de l'Eglise Militante, puisque les Anges qui sont les courtisans du Roy pacifique, & les Citoyens de la celeste Ierusalem qui signifie vision de paix, ne sont pas exempts de toutes sortes de debats: mais comme leur querelle est tousiours agreable, à cause qu'elle ne manque iamais des trois conditions suiuantes : La premiere que le sujet n'en peut estre que tres glorieux : La seconde que la charité qui anime ces intelligences n'y souffre aucun interest, & la derniere que toutes les deux parties cedent à la volonté de Dieu quand elle leur est manifestée, ou dans le miroir eternel de la verité, ou par quelque autre signe que ce soit; De mesmes les differens des

Chreſtiens, & particulierement de ceux qui ſont appellés les Anges du Seigneur dans les Eſcritures, doiuent auoir ces trois belles qualitez pour eſtre iuſtes & legitimes. Or dans le ſujet que ie traite, il faut confeſſer premierement que la cauſe en eſt belle & loüable, puis qu'il ne s'agit que de la poſſeſſion des ſacrées Reliques d'vne des plus nobles & plus genereuſes filles qui ait empourpré l'Egliſe & la France de ſon ſang virginal. Et certes s'il eſt infaillible parlant generalement que les Corps des Saints ſont les plus riches treſors de l'eſtat du Fils de Dieu, ſi la Tradition fondée ſur l'Ecriture nous en recommande le culte, & nous en raconte le pouuoir iuſtifié par les miracles de ces illuſtres morts, ſi les demons ennemis iurez de noſtre ſalut fremiſſent d'horreur à l'abord des oſſemens de ceux qui les ont vaincus durant leur vie; ſi leur cœur ne ſe corrompt pas puis qu'il vit de la vie de Dieu, s'ils nous ſeruent de Predicateurs muets pour nous annoncer la verité de noſtre foy, & l'eſperance de la reſurrection future, nous faiſant meſme dés-ja voir par leurs actions ſurnaturelles, qu'ils ſont en quelque façon reſuſcitez ſelon S. Ambroiſe: Enfin ſi non ſeulement leurs os, mais encor leurs cendres doiuent eſtre honorées comme le germe & les ſemences de l'Eternité dans la doctrine du meſme Pere, qui trouuera mauuais que la pieté des Fideles s'efforce à l'enuy de s'enrichir de tels tresors, & d'animer sa foy par la traditiue de la venerable antiquité, & par l'éclat des miracles? Qui ne seroit bien aise de baiser le lieu des playes qui brilleront pour iamais dans le Ciel sur le corps des Martyrs, & d'auoir de puissans Protecteurs contre les puissances de l'Enfer? qui ne voudroit continuellement écouter le langage secret de ceux qui ne demeurent parmy nous que pour nous enseigner? Enfin qui ne souhaiteroit posseder les gages precieux & asseurez de cette Eternité, que l'homme passionne si fort selon l'état de la Nature & de la Grace? Mais sur tout venant au particulier du sujet que nous traitons, qui des hommes n'auroit de tres violens desirs pour vn tel tresor comme est, ou le corps, ou vne partie du corps de Sainte Reine, & faut-il s'étonner si les étrangers aussi bien que les François aspirent à cette glorieuse toison? Ie ne sçay donc pas mauuais gré à l'Illustrissime Euesque d'Osnabrug en Saxe, non plus qu'aux Reuerends Peres Cordeliers d'Alize de pretendre à vn si precieux joyau, comme est, ou le corps, ou du moins le bras de sainte Reine, ny de le disputer (s'il y a quelque fondement) aux Religieux Benedictins de l'Abbaye de Flauigny, puisque ny les vns ny les autres ne peuuent ignorer que la protection de cette Sainte est vn des appuis le plus fauorable contre toutes les disgraces de cette vie que nous puissions trouuer en l'Eglise; &

que cet Aigle Royal porte ſingulierement les affections de ſon ame ſur le lieu où repoſe ſon Corps.

Ainſi la premiere condition de la guerre des Anges ſe trouue en celle-cy ; trop heureux ſerons-nous ſi la ſeconde n'y manque, qui eſt la Charité : Dieu veille que la gloire de Dieu nous ſeruant de premier mobile, l'amour diuin qui eſt le lien de la perfection, ne ſouffre ny rupture ny violence, & que cette diſpute n'enfante aucune aigreur, non plus que la reſiſtance mutuelle de deux Ambaſſadeurs Celeſtes ne peut les engager à la moindre imperfection ; mais i'apprehende bien fort que comme nous aimõs beaucoup les ſentimens que nous auons vne fois épouſez bien qu'à la legere, ceux qui ſe ſont engagez dans vne creance nouuelle, mal fondée, & preiudiciable aux droits des poſſeſſeurs anciens & legitimes, ne veillent s'attribuer vn heritage qui ne leur appartient pas, ce qui ſeroit pecher contre la charité, auſſi bien que contre la iuſtice. Bien que pour l'intereſt de noſtre ordre de S. Benoiſt qui me doit eſtre fort cher, & pour l'honneur de noſtre Abbaye de Flauigny que ie dois procurer de tout mon pouuoir, ie peuſſe defendre ma cauſe legitimement, & meſme auec chaleur ; Neantmoins i'entreprens ce diſcours Apologetique pluſtoſt pour le bien general que pour le particulier, & d'autant plus que le bien que ie veux conſeruer eſt grand, ie dois agir auec vne plus grande charité. Ce bien eſt grand, car il regarde l'Egliſe & l'Eſtat, l'Egliſe qui doit auoir vn ſoin particulier de bien regler les deuotions de ſes enfans; & ne pas permettre qu'il ſe gliſſe aucune fauſſeté dans les obiets de leur veneration, qui ſont les ſaintes Reliques, veu qu'elles ne deuiennent pas ſi toſt ſuſpectes, que les peuples aiment mieux laiſſer ralentir leurs feux que de les rendre criminels & profanes, honorans de leurs hommages ce qui n'eſt pas reconnu de tous pour ſaint & venerable. C'eſt donc le bien de l'Egliſe d'éclaircir vne verité dans la matiere que ie traite; Mais ce point regarde auſſi le bien de l'Eſtat: car la France qui eſt tres Chrétienne pretend mieux ſe maintenir par la vertu des Saints dont elle honore les dépoüilles que par la gloire de ſes armes; donc ceux qui voudroient la priuer de ſes ſacrés depôts chercheroient ſa ruine, puis qu'il faut que cette Arche ſoit ſoûtenüe des deux coſtez, comme au contraire ceux-là procurent ſon bien qui luy conſeruent de ſi chers appuis, & c'eſt ce que ie pretens faire, mais charitablement; & pour ce ſujet i'ay gardé iuſqu'icy les loix de la charité: car quoy qu'on me reproche il y a plus d'vn an que ie laiſſe triompher l'erreur au preiudice de la verité, & que ie peuſſe crier d'abord contre la pretendüe Tranſlation du Corps ou bras de ſainte Reine en Allemagne, & ſon retour en

France, i'ay premierement remonstré auec douceur aux Reuerends Peres de saint François, que l'abus qu'ils faisoient naistre preiudicioit à la verité, en suite voyant que cet aduis charitable au lieu d'estre bien receu, leur faisoit dire que ie manquois de preuues pour asseurer nostre possession, ie communiquay l'affaire à Monseigneur l'illustrissime Euesque d'Autun, cette derniere année le Vendredy cinquiéme iour de Iuin au Monastere de saint Iean de ladite ville, où en presence de Mes Dames ses Seurs les RR. Abbesses du mesme Monastere de S. Iean & de S. Iulien lez Auxerre, de Monsieur de Ganay son grand Vicaire, & de Monsieur de Bouchet Religieux & grand Prieur de saint Martin dudit Autun, il me permit de dresser cette presente Apologie, aioûtant fort iudicieusement que si nous voulions auoir vne preuue bien autentique de la presence des Reliques de sainte Reine dans nostre Monastere de Flauigny, ce seroit de confronter & approcher nos Reliques auec celle que les Peres d'Alize disent auoir apportée d'Allemagne, par ce qu'en ce cas celle-cy ne raportant pas aux nostres, il faudroit conclure necessairement qu'elle ne seroit pas de sainte Reine, nous auons gardé les ordres dudit Seigneur Euesque; Vn Medecin & Chirurgien des plus experts de la Prouince de Bourgongne le vingt-septiéme de Iuillet de la presente année mil six cens quarante-neuf en presence de dix-huit témoins, du nombre desquels ie fus choisi, les autres estans pour la pluspart personnes seculieres nullement suspectes, de probité & de condition, visiterent la Chasse des Reliques de cette sainte Vierge & Martyre, où entr'autres ils remarquerent deux bras d'égale grandeur, & grosseur, deux couldes, & deux rayons pareils qu'ils firent ioindre & iouer dans leurs emboittemens, iugeans qu'ils estoiēt d'vne fille qui pouuoit estre âgée de quinze à seize ans. La copie de l'acte qui en fut dressé trouuera place à la fin de ce discours. De là lesdits Medecin & Chirurgien s'estant transportés à Alize regarderent aussi curieusement le nouueau *Radius* apporté d'Allemagne qu'ils trouuerent plus gros & plus grand pour le moins d'vn poulce, & leur parut pouuoir estre d'vne personne âgée de trente-ans.

Apres y auoir procedé auec toutes ces precautions Chrestiennes & Religieuses, qui n'ont pas encor tout à fait persuadé les Reuerends Peres Obseruantins, personne ne me peut accuser de pecher contre la charité, si ie fais voir publiquement la verité, c'est ce que ie pretēds, mais auec cette confiance que la troisiéme condition qui se remarque dans le debat des Anges, ne manquera pas à nos cōcurrans non plus que les deux premieres; le sujet qui les fait agir est glorieux, ils agissent, comme ie croy, par le motif de charité, & partant i'espere qu'ils se rendront facilement à la verité, car qui pourroit haïr vne si belle vertu? & quoy que Dieu ne nous la découure en son espéce propre qu'au beau iour de l'Eternité, lors que nous serons comme les Anges de Dieu; neantmoins elle va paraître clairement dans son propre iour par les raisons que ie deduiray apres l'auoir établie.

Ie dis donc qu'il est euident que l'on n'a iamais tiré hors de la Bourgongne ny du Monastere de Flauigny, qui est de l'ordre de S. Benoist, & à present de la Congregation de saint Maur, le venerable Corps de sainte Reine Vierge & Martyre, depuis l'an huit cens soixante & quatre, auquel temps sous l'Empire de Charles le Chauue, ce corps saint fut transporté du Bourg d'Alize ou elle souffrit la mort dãs l'Abbaye de Flauigny. Si le deuot Lecteur est curieux de sçauoir la cause du trouble, apres vne possession de tant de siecles, la voicy raportée auec fidelité & breueté.

Il y a prés d'vn an & demy que Monseigneur le Duc de Longueuille, heureusement choisi de la France pour estre l'arbitre de la paix entre les Couronnes, estant à Munster, le R. Pere François Cordelier de l'obseruance, son Confesseur, desirant gratifier les Peres de son ordre (nouuellement introduits dans la Chapelle de sainte Reine à Alize) de quelques reliques de cette Sainte; pria ledit Seigneur Prince, d'en demãder à l'Illustrissime Euesque d'Osnaburg Plenipotentiaire pour la Saxe, & au Chapitre de ladite Eglise, à cause, disent les Saxons, que le corps de cette sainte Vierge & Martyre y repose depuis le temps que l'Empereur Charlemagne leur fondateur l'y transferâ de l'Abbaye de Flauigny, où il l'auoit auparauant fait porter; comme ledit Pere François l'a dit en particulier à plusieurs personnes de probité qui me l'ont aduoüé, & mesme l'a fait prescher publiquement dans la Chappelle de sainte Reine à Alize, dont ie prie le Lecteur de se bien souuenir, parce que ie dois tirer de cet adueu vne preuue puissante qui conuaincra de nullité les pretentions des Saxons.

L'Euesque d'Osnabrug ne pouuant rien refuser à la pieté de Monseigneur de Longueuille, luy accorda du consentement de son Chapitre vne bonne partie de l'os du bras, appellé par les Latins *Radius*, & par les Arabes le petit focile (voicy les termes des Parentes, *Magnam partem de osse radij brachialis*) que ledit Seigneur donna au Pere François pour estre porté à Alize, où il fut receu le premier iour de May de l'année derniere mil six cent quarante-huit; & le Pere Vidal Cordelier prescha le mesme iour, & asseura en presence dudit Pere François que la Relique estoit de sainte Reine Vierge & Martyre, qui souffrit la mort à Alize le septiéme de Septembre; afin qu'on ne pensât point que ce fust de quelque autre sainte Reine. C'est ainsi que les Reuerends Peres Cordeliers, fondez (disent-ils) sur le sentiment des Saxons, ont conceu le narré de cette Translation fabuleuse du corps de sainte Reine de l'Eglise de Flauigny en celle d'Osnabrug, sous l'Empire de Charlemagne, ce qui les a obligé à soûtenir au commencement que le bras apporté d'Allemagne estoit celuy de sainte Reine, dont le corps reposoit dans l'Eglise d'Osnabrug; quoy que depuis s'aduisans que cette voye là les conduisoit au precipice, ils en ont pris vne autre qui n'est pas moins suspecte. Car dés-là tout le monde sçait qu'il n'en est pas de l'histoire comme de la Philosophie, où pour faire voir son bel esprit on peut estre problematique, & defendre deux opinions cõtraires. Celuy qui veut produire la verité des choses passées, ne doit pas varier dans ses rapports, car si le mot d'historien veut dire voyant qui croiroit à celuy qui diroit tantost i'ay veu cela, & tantost ie ne l'ay pas veu? aussi les plus fameux n'ont point de preuue plus euidente de la fausseté d'vne chose, que de voir qu'elle se déguise en diuerses façons; mais nous leuerons tantost le masque de cette histoire changeante & supposée, pour maintenãt, afin de donner vne idée generale de tout ce qui suit, & apporter de l'ordre dans ce present discours, où ie pretẽs euincer les Saxons & lesdits Reuerends Peres Cordeliers de leurs pretentions. Ie veux premierement apporter & refuter les raisons qu'ils alleguent ; & puis faire voir clairement au Lecteur par des preuues authentiques, que le corps de sainte Reine d'Alize est tousiours demeuré en Bourgongne, sçauoir dans le Bourg d'Alize, dés le temps qu'elle y souffrit le Martyre, iusques en l'an huit cent soixante quatre, & puis dans l'Abbaye de Flauigny depuis ladite année qu'il y fut apporté sous l'Empire de Charles le Chauue petit fils de Charlemagne, iusques à ce iour, où il est honoré par vn concours de tous les peuples naturels & estrangers de ce Royaume, qui viennent à la foule offrir leurs vœux & leurs hommages aux sacrées depoüilles de cette Sainte. Ie parle auec d autant plus de liberté en cette affaire, que ie pense dire la verité sans offenser personne; & particulierement la pieté de Monseigneur le Duc de Longueuille n'y perd rien de son lustre, puisque son intention n'a iamais esté de rien faire au preiudice de la France, & de la verité; mais seulement d'obliger son Confesseur, lequel luy faisant croire que la Relique, dont il est question, estoit de sainte Reine, il a voulu en la demandant témoigner qu'il n'auoit pas seulement de l'inclination pour ce bon Pere, mais particulierement qu'il auoit autant de zele pour accroistre par ce present l'hõneur de l'Eglise Gallicane, comme il a de courage & de prudence à soustenir les interests de cette

Couronne. Si on luy a donc ſupposé vne Relique pour vne autre ; on n'a pû alterer la ſincerité de ſes intentions, qui ſeruira de iuſte reproche contre ceux qui ont voulu le faire, comme on dit, Parrein d'vn enfant ſupposé.

Le Pere François faiſant tant pour ſoy, que pour les Saxons, qui l'ont prié d'eſtre leur procureur pour plaider contre la verité & contre la France ſa patrie, rapporte trois raiſons du pois & de la valeur deſquelles ie laiſſe le iugement au Lecteur equitable. La premiere qu'il produit eſt vn petit billet, extraict des actes d'vne viſite des Reliques de l'Egliſe Cathedrale d'Oſnabrug faite par l'Eueſque du lieu nommé Geofroy d'Arisberh, & l'an mil trois cens trente deux, ou à peu prés (car ils n'en ſont pas, diſent-ils bien aſſeurez) lequel billet contient ces mots: *In hoc loco requieſcit corpus beatæ Reginæ Virginis, quæ fuit filia cuiuſdam Clementis Regis, & paſſa eſt ſeptimo idus Septembris ſub Maximiano Imperatore & Olybrio Præſide in Aliſia Ciuitate. Cum duceretur ad ſupplicium, columba de cœlo veniens coronam in ore portauit & dixit: Veni veni Regina in regnum Chriſti. Beata es quæ hanc coronam meruiſti*: Et plus bas, *à Domino Godefrido de Harisberh Oſnabrug Epiſcopo 1332.*

Ie reſpons à cela, & dis trois choſes: La premiere, que ce Billet eſt entierement informe, mal conceu, & ſur tout, ſans ſignature; ce qui le doit rendre fort ſuſpect; & par conſequent comme il n'a point de force, il doit aussi estre sans effet. On ne peut deuiner si c'est la copie de quelque inscription, ou la substance seulement de la mesme inscription. La datte est aussi trop fraische pour nous la faire passer dans son original sans signature. Ie demande donc qu'on nous fournisse les actes de cette visite en bonne forme, pour estre obligez d'y adioûter foy; & ie m'étonne que ce bõ Pere, qui fait son Achille de ce billet, n'ait pas consideré qu'il nous donnoit tout sujet de nous inscrire en faux contre luy, en nous produisant vne piece qui est defectueuse en ses points principaux. Il deuoit couurir le talon de son Achille pour le rendre entierement inuulnerable; & ie m'asseure que Messieurs du Chapitre d'Osnabrug ne luy eussent pas refusé leur main pour signer le present billet, puis qu'ils luy donnoient si liberalement leur bras: *Sine teste nihil volo tale*. Nostre siecle n'est pas plus fidele: au contraire il a bien degeneré de la sincerité de celuy de S. Augustin, de S. Martin, de S. Gregoire le Grand, & de celuy de Rodolphe Glaber Moine de Cluny, & si dans le temps de ces grandes lumieres, on a veu des personnes qui par malice falsifioient des Reliques, ou qui par vne trop grande credulité en proposoient d'inconnües pour de certaines, sur des coniectures de vray-semblance qu'ils taschoient d'appuyer par des attestations contrefaites: Qui empesche qu'on ne puisse encores re auiourd'huy faire la mesme chose par vn esprit de simplicité : car de malice ie n'ay garde d'en soupçonner en l'action de ces Reuerends Peres gardiẽs du troisiéme bras de sainte Reine.

En second lieu, ce billet defectueux & non signé ne s'accorde pas mesme auec les leçons du Breuiaire de l'Eglise Cathedrale d'Osnabrug, dans lesquelles il est écrit que sainte Reine endura le Martyre sous l'Empereur Maximin ; & ce Billet l'a fait souffrir sous l'Empire de Maximian, qui ont esté éloignez l'vn de l'autre de soixante ans ; ce qui est si constant dans l'Histoire, que les preuues en seroient icy superfluës. De plus ce mesme billet donne qualité de Roy au Pere de sainte Reine, dõt le corps gist à Osnabrug ; ce qui me fait dire encores ou qu'il est fort suspect & fait à plaisir ; où qu'il parle d'vne autre sainte Reine que de celle d'Alize, au temps de laquelle chacun demeure d'accord qu'il n'y auoit point de Roys ny dans la Bourgongne, ny dans les autres villes des Gaules qui estoient gouuernées par des Prefects, Proconsuls, Tribuns, & autres Magistrats commis par les Romains.

En troisiéme lieu, il n'est point parlé dans ce billet que ce fut Charlemagne qui transfera le corps de sainte Reine dans l'Eglise d'Osnabrug ; ce que neantmoins le Pere François (cõme tantost i'ay remarqué) a fait prescher publiquement à Alize, outre qu'il l'a dit à plusieurs personnes, & mesme l'a fait imprimer cette année à Paris dans l'Auant-propos du narré d'vn Miracle arriué à Alize en la personne de Catherine le Blanc, asseurant que cet Empereur auoit pris ledit corps dans l'Abbaye de Flauigny pour le porter à Osnabrug. D'où est-ce donc que l'Euesque de ladite ville & luy, ont tiré cette circonstance du temps pour authoriser cette Translation fabuleuse? Car il est bien croyable que si l'Allemagne eust pû fournir au Pere François des pieces plus authentiques que ce billet, pour appuyer sa pretendüe possession du corps de sainte Reine, que sans doute il les auroit produit. Mais voicy, à mon aduis tout le secret & le nœud de l'affaire.

Ce Reuerend Pere Franciscain, comme François de nation, sçauoit fort bien que le sentiment vniuersel de la France est que le corps de sainte Reine d'Alize a esté transferé dans l'Abbaye de Flauigny, & peut-estre qu'il en auoit veu audit lieu quelques témoignages authentiques que ie produiray tantost; ie croy aussi qu'il ne doutoit pas que les Saxons disoient auoir chez eux le corps de quelque sainte Reine, & mesmes qu'ils asseuroient que c'estoit la nostre d'Alize: Mais comme il ne les voyoit pas trop bien fondez dans leur possession, il leur a fait croire que comme ils reconnoissoient nostre grand Charlemagne pour fondateur de leur Eglise, il faloit aussi que ce fust luy qui leur eust donné le corps de ſainte Reine, le faiſant enleuer de Flauigny, y ayant plus d'apparence que ce fut celuy qui eſtoit leur bien-facteur & fondateur, que non pas vn autre, veu principalement que les pieces authentiques leurs manquoient pour prouuer clairement cette Tranſlation : car comme i'ay remarqué le billet des Saxons, ne luy a pas appris que Charlemagne ait fait cette Tranſlation, mais c'eſt pluſtoſt luy qui l'a appris aux Saxons.

Tellement que les voulant confirmer & entretenir dans ce ſentiment (qui eſtoit fauorable à ſon deſſein) & ne pouuãt auſſi nier que le corps de ladite Sainte n'euſt eſté apporté d'Alize à Flauigny, il a controuué (qu'il me pardonne s'il luy plaiſt ce mot) contre l'ordre des temps & de la chronologie, ces deux Tranſlations qu'il pretẽd auoir eſté faites par Charlemagne, quoy que neantmoins l'vne & l'autre ſoient purement imaginaires. Ce qui l'a trompé & beaucoup ſeruy à former cette chimere, eſt vn petit liuret de la vie de ſainte Reine, imprimé à Dijon il y a enuiron vingt-ans, par vn autheur qui témoigne auoir leu l'ancien Cartulaire de Flauigny, où (à ſon aduis) il ſe void que Charlemagne tranſporta le corps de ſainte Reine d'Alize au Monaſtere de Flauigny, lequel il fit bâtir ſelon qu'il ſe void auiourd'huy.

Mais le narré de cette Tranſlation fait par cet Autheur, fera voir clairement à ceux qui le liront, qu'estant peu versé dans la lecture des anciens chiffres & caracteres, & encores moins dans l'Histoire Ecclesiastique de France, & dans celle de nos Roys, il s'est lourdement mépris dans la chronologie, prenant Charlemagne pour Charles le Chauue, sur ce que dans les vieux tiltres de cette Translation, le nom du dernier n'est point exprimé auec son surnom (le Chauue) de sorte que sçachant bien que Charlemagne auoit fait de grãds biens au Monastere de Flauigny, il luy a encores attribué le present du corps de sainte Reine fait audit Monastere, sous son petit fils Charles le Chauue: En quoy il s'est trompé. Car Ionas Euesque d'Autun, & Cygil ou Egil Abbé de Flauigny qui firent cette Translation (cõme luy mesme le rapporte, & il est aussi veritable) ne l'ont pû faire du temps de Charlemagne, puisque le premier ne paruint à l'Eueſché qu'en l'an huit cent cinquante trois, *ou* 51. le second n'accepta la dignité Abbatiale qu'en l'an huit cent soixante & quatre, & l'an suiuant fut fait Archeuesque de Sens, comme il est porté dans les tables sacrées de ces Eglises; & le troisiéme, sçauoir Charlemagne mourut en l'an huit cent quatorze le 27. de Ianuier, comme fait foy l'Epitaphe de son Tombeau, qui est dans l'Eglise de Nostre-Dame d'Aix la Chappelle. D'où le sage lecteur pourra inferer que non seulement cet autheur s'est mépris au nom de Charlemagne, mais qu'il a aussi donné sujet au Pere François d'inuenter ces deux Translations du viuant de cet Empereur. Car il est veritable tant par les anciens tiltres de cette Translation, que par d'autres tirez des Cartulaires & vieux Manuscrits de l'Abbaye de Flauigny, que le corps de sainte Reine ne fut point découuert ny leué de terre que sous Ionas Euesque d'Autun, & Egil Abbé de Flauigny, cinquante ans apres la mort de Charles le Grand, sçauoir l'an huit cent soixante quatre. S'il a donc porté des Reliques de sainte Reine à Osnabrug, il faut necessairement que ce soit de quelqu'autre que de celle d'Alize. Car il s'en trouue encores quelques-vnes du mesme nom, comme à saint Mathias de Treues, il y en a vne du nombre des vnze mil Vierges, vne autre à Cologne de la mesme trouppe, & au Monastere de Dinan en Flandres se fait la feste d'vne autre sainte Reine niepce de Pepin, & cousine germaine de nostre Charlemagne. Sans parler de cette derniere, peut estre que la Relique dont il est question pourroit bien estre de l'vne des deux autres, puisque nos Saxons & le R. Pere François adouöent qu'il y a quelques corps des onze mil Vierges dans la mesme Chasse où ils pretendẽt que repose celuy de nostre sainte Reine.

Ie dis dauantage que ce ne seroit pas chose nouuelle si l'Euesque d'Osnabrug Geofroy de Harisberh visitant les Reliques de son Eglise, apres quelques guerres ou vn incendie general qui en auroit brulé tous les tiltres & Breuiaires, comme il est arriué souuent à plusieurs autres Eglises; & ayant appris par la tradition, ou mesme par quelque vieille inscriptiõ du tiltre (sainte Reine) resté seul sans autre addition, qu'il y auoit dans son Eglise des Reliques de sainte Reine, se seroit persuadé que cela se deuoit entendre de celle d'Alize, laquelle comme la plus ancienne & la plus renommée est écrite dans le Martyrologe Romain. Car ie sçay de science certaine que deux Eglises Cathedrales des plus anciennes de ce Royaume sont en dispute sur le corps d'vn Saint pour vne semblable occasion: qui est l'explicatiõ la plus fauorable qu'on puisse donner à ce petit billet, quand mesme il n'auroit pas les autres defauts que ie viens de remarquer.

La seconde raison que le R. Pere François apporte contre nous, est vn paquet de petites images de sainte Reine peintes en iaune, qu'il a pris la peine d'apporter d'Osnabrug où elles se debitent. Ie n'ay pû en verité me persuader iusques à presẽt qu'il les ait apportées à autre dessein que pour seruir de prix au Catechisme des petits enfans d'Alize; Mais puisque les petits Marchands font traffic de tout, ie luy sçay bon gré de prouuer en peinture vne Translation qu'il rendra par ce moyen doublement imaginaire. S'il faloit que le corps d'vn Saint fust par tout où l'on debite son Image, ce bon Pere auroit bien-tost le prix des siennes, puis qu'il n'auroit pas seulement le bras, mais tout le corps de sainte Reine. Mais pour parler plus serieusement dans vne matiere d'importance, i'estime qu'il ne faut qu'vne Confrairie erigée au nom d'vn Saint ou d'vne Sainte, pour obliger vn Peintre ou vn Graueur à prendre en main le pinceau & le burin; il ne faut qu'vn Miracle arriué dans vne ville par l'intercession d'vn Saint auquel on voüe vn pelerinage ou autre chose, pour donner cours à son Image. Celles de saint Claude, de S. Nicolas, de sainte Geneuieue, & mesme de nostre sainte Reine se voyent par toute l'Europe, & neantmoins on ne dit pas que leurs Reliques soient par tout où l'on trouue de leurs images. Ie ne doute point que quelques habitans d'Osnabrug n'ayent ressenty autrefois les effets de l'intercession de sainte Reine, & que quelques-vns des plus feruens n'ayēt fait le pelerinage à Flauigny où repose son corps, & à sa fontaine d'Alize pour y rendre leurs vœux & les acquits de leur reconnoissance; & qu'estans de retour ils n'ayent eu soin de faire grauer son Image pour conseruer la memoire d'vne si sainte protectrice. Et comme depuis qu'vn Saint est reconnû dans vne ville, il est difficile qu'on ne conserue le souuenir de ses bien-faits, par le moyen des images & des peintures: voila qui a donné cours à celles que le R. Pere François nous voudroit vendre bien cher, les mettant à vn prix qui n'est pas raisonnable.

La troisiéme & derniere piece qu'il met au iour, & qu'il pense nous deuoir éblouÿr, est tirée de ce que l'Eglise d'Osnabrug fait l'office de sainte Reine d'Alize le mesme iour que sa feste est celebrée à Flauigny, qui est au septiéme de Septembre. Si cette instance a de la force, ie m'en rapporte à tous ceux qui font dans leur Eglise l'office d'vn Saint d'vn autre Diocese & d'vn autre pays, dont neantmoins ils n'ont aucune Relique. Ie ne parle point de ceux que l'Eglise Romaine nous propose dans son Calendrier, mais seulement de ceux qui ne sont connûs que dans quelques Prouinces particulieres. Il y a tant de preuues de cette verité, que ie m'étonne que les RR. PP. Cordeliers qui vont souuent par le pays, nous ayent obiecté cecy comme vne chose bien extraordinaire. Afin que l'objection du R. P. François eust de la force, il faudroit ou que dans l'office du iour du Trépas de sainte Reine, ou dans celuy de sa Translation, il fust fait mention que tout son corps, où qu'vne partie d'iceluy reposât dans ladite Eglise; ce que le Breuiaire Romain qui est general & commun à toute l'Eglise obserue bien le plus souuẽt, mesme au regard des Saints qui sõt les plus éloignez de l'Eglise: ce qui n'est pas aussi obmis dans les Eglises particulieres, comme dans celles de S. Denys en France, de S. Germain des Prez, de Cluny, de Flauigny & de S. Germain d'Auxerre en Bourgongne, qui sont toutes des sanctuaires de pieté & de deuotion, pour le grand nombre des Corps Saints qui y reposent. Neantmoins ny le R. P. François, ny moy ne trouuons pas cela dans le Breuiaire d'Osnabrug, qui est vne preuue tres forte, que ce n'est point la presence reelle du corps de sainte Reine, mais plustost quelques effets miraculeux de son intercession qui ont saintement obligé le Chapitre d'Osnabrug à celebrer sa feste.

Il peut quelquefois arriuer, & particulierement depuis le S. Concile de Trente, que pour euiter vne trop grande multiplication de festes, on supprime celles des Translations, mais en ce cas, la pratique est, qu'on adioûte quelques lignes à la fin des leçons qu'on chante au iour de la feste du trépas du Saint, qui font mention que son corps ou partie d'iceluy a esté transferée dans l'Eglise qui croit en estre depositaire. Ce qui ne se void point dans le Breuiaire d'Osnabrug. C'est pourquoy, pour donner plus de satisfaction au R. P. François, & luy oster tous ses scrupules en matiere d'office ; i'adioûte qu'il s'est pû rencontrer cy-deuant plusieurs occasions d'auoir introduit la feste & l'office de sainte Reine d'Alize dans l'Eglise Cathedrale d'Osnabrug, sans qu'il soit besoin pour cela qu'on y en ait porté des Reliques. Vn Euesque de ce pays-là, vn Chanoine, quelque Seigneur de marque ou autre sera venu en pelerinage à Flauigny & à Alize (comme nous y voyons souuent des estrangers de tout âge & cōdition) & à son retour aura fondé l'office de sainte Reine. Nous voyons cela tous les iours, que plusieurs personnes nous viennent demander des extraits de l'office qui se chante à Flauigny le iour de sainte Reine, pour procurer, à ce qu'ils disent, qu'il soit fait dans leur pays. Outre cela S. Egil qui a enrichy le Monastere de Flauigny du corps de cette glorieuse Sainte, estoit homme de naissance, venu depuis peu d'Allemagne en Bourgongne; & il est bien croyable que quelques Allemands l'accompagnerēt iusques à Flauigny, & furent presens à la Translation du corps de cette sainte; veu mesme que ie trouue qu'en ce temps-là quelques Princes de Bauiere & de Saxe auoient de grands biens en Bourgongne, & specialement aux enuirons de Flauigny dans la Comté d'Alize, qui est la Patrie de sainte Reine; entr'autres Hugues l'Abbé (Ministre d'Estat sous Charles le Chauue, Louys le Begue & Carloman) fils de Conrad Maire du Palais (qui auoit eu pour pere le Comte Vuelphe Bauarois, frere de l'Imperatrice Iudith, & de Henry Duc de Bauiere, & pour mere Hegilinde issüe des Princes de Saxe) auquel Hugues, appartenoit le Chasteau de Thil en

Auſſois, dont il fit donation à l'Abbaye de S. Germain d'Auxerre où il eſt enterré, comme il appert par vne charte du meſme Monaſtere, en datte de l'an huit cent quatre-vingt ſix au mois d'Octobre, vingt & vn an apres la Tranſlation de ſainte Reine; à laquelle comme il eſt aſſez probable ſe pûrent trouuer, & des Bauarois & des Saxons parens ou alliez dudit Hugues: leſquels ayãs veu les merueilles que Dieu opera pour lors en faueur de la Sainte, auront pû luy procurer cet honneur en leur pays que d'y faire celebrer ſa feſte, ſans que pour cela il ait eſté neceſſaire qu'ils y ayẽt porté ſon corps, ou meſme de ſes Reliques.

Voila ſommairement ce que i'auois à répondre au R. P. François fondé, à ce que l'on dit, en procuration pour defendre la cauſe des Saxons, & la ſienne propre. Mais tant s'en faut qu'il ait auancé les affaires de ces eſtrangers, qu'il ſemble à preſent que les Saxons n'ayent point de plus fortes parties en teſte que luy, & ceux de ſon Conuent d'Alize, leſquels conuaincus de nos preuues qu'ils ne pouuoient ignorer, & s'auiſans, quoy que bien tard, qu'ils auoient ioüé vn mauuais tour à la France au preiudice de la verité, ont trompé leurs bien-facteurs pour acquitter en partie leur cõſcience, dans l'adueu qu'ils ont fait à la ſeconde Edition de leur petit liuret de ſainte Reine, que non plus le corps de cette Sainte, mais ſeulement le bras d'icelle auoit esté emporté par Charlemagne à Osnabrug en Saxe. Et comme s'ils eussent encore eu vn remord de conscience d'en trop dire, ils ont de beaucoup racourcy ce bras à la troisiéme edition, par vn secret de perspectiue qui nous est inconnû, écriuans en ces termes: [Vne partie du bras de sainte Reine depuis le coude iusques au poignet, enchassé en argent; qui auoit esté emporté par Charlemagne en Allemagne, a esté ramené en France par Monsieur le Duc de Longueuille, qui l'a donné au R. P. François son Aumosnier, pour l'apporter à sainte Reine au 1. May 1648.]

Tellement que selon la premiere Edition de leur liure, Charlemagne a emporté le corps de sainte Reine à Osnabrug, suiuant la seconde il n'a emporté que le bras, & selon la troisiéme il s'est seulement contenté de rauir à la France le plus petit ossement dudit bras, encores n'est-il pas entier, comme disent les patentes d'Osnabrug [*Magnam partem de osse radij brachialis*.] Que peut-on attendre de la quatriéme edition du mesme liure, sinon le triomphe de la verité, & que iamais le corps de sainte Reine, ny dans son tout, ny dans la moindre de ses parties n'a esté porté à Osnabrug par l'Empereur Charlemagne? Mais que peut-on dire de toutes ces contradictions si manifestes, sinon ce que nous auons autrefois obiecté en semblable rencõtre:

Fabula sic mendax, Fabula vera fuit.

Les Saxons ont encores icy vn grand sujet de plainte contre le Pere François, en ce que l'ayans choisi pour appuyer en France, par l'efficace de ses raisons, leur pretenduë possession du corps de sainte Reine, il leur a faussé parole, & semble ne leur auoir emporté vn bras que pour leur couper l'autre; car luy & les autres Peres de leur Conuent heureusement vaincus tant par les puissans efforts de la verité, que par les reproches interieures de leur conscience, confessent maintenant à haute voix que le corps de sainte Reine d'Alize repose dans l'Eglise de Flauigny, & que Charlemagne en prit seulement l'os du bras nommé le petit focile, autrement *radius*; la plus grande partie duquel leur a esté donnée par l'Euesque d'Osnabrug. Mais de quel secret vserons nous pour tomber d'accord de la verité de cette Relique? sans mentir il nous restera beaucoup d'enigmes à expliquer : car premierement nous trouuons dans la chasse de cette sainte tous les os de ces deux bras qui se raportent tout à fait les vns aux autres; à qui appartient donc celuy que montrent ces RR. Peres? ne sera-ce point celuy d'Arsene que les Heretiques veulent que saint Athanase ait coupé? ie m'en raporte : car sainte Reine garde tous les deux siens, & qui sont bien plus courts que celuy de Saxe. Secondement, ce nouueau bras aporté d'Allemagne ne devroit pas estre entier pour s'en tenir aux termes des Patentes d'Osnabrug, les lettres du Seigneur Euesque ne disent-elles pas clairement qu'on donna à Monseigneur le Duc de Longueuille vne grande partie de l'ossement du bras, dit le rayon, *magnam partem de osse radij brachialis:* & cependant celuy que l'on montre à Alize est tout entier, & d'vne iuste grandeur & grosseur, ce qui me donne de grandes difficultez, ne pouuant sortir d'vn labyrinthe où ie suis contraint de nier la verité de cette Relique, ou de m'inscrire en faux contre la signature de Messieurs l'Euesque & Chapitre d'Osnabrug, mais encor en ce cas il n'y aura point à Alize du bras de sainte Reine, puis que ie sappe tout le fondement de la presence de la Relique, qui est l'escrit venu de Saxe. Ie ne veux pas presser dauantage cette matiere, seulement ie me contente de dire à ces Reuerends Peres que le rayon qui ne fait chez eux qu'vn faux iour, augmente chez nous notablement celuy de la verité. La France toutefois a grand sujet de tenir cette Relique pour suspecte, non seulement parce qu'elle est sans approbation, (celles de Messeigneurs l'Archeuesque de Paris & l'Euesque d'Autun, non plus que celle de Monseigneur le Duc de Longueuille ne peuuans plus seruir, parce qu'elles ne sont données qu'en consequence de celle d Osnabrug, à laquelle ces bons Peres derogent, en montrant vn autre ossement que celuy qui est specifié dans lesdites patentes,) mais aussi parce que supposé qu'elle ait esté apportée d'Osnabrug telle qu'elle est, c'est vne ville qui a esté prise & pillée par les Suedois qui ont profané les Eglises & mis à nud les sainte Reliques pour assouuir leur conuoitise: & qui doute qu'ils n'ayẽt pû mesme changer les ossemens, & en substituer d'autres en la place pour éleuer par apres leurs trophées sur les ruines du Sanctuaire. Qui ne pourroit encores raisonnablement se deffier de la malice d'vn Euesque Lutherien tel qu'estoit le predecesseur immediat de cettuicy, qui suiuoit les pernicieuses maximes de Luther ennemy iuré du culte des saintes Reliques, & qui pouuoit par consequent distraire ou alterer celles de son Eglise.

Si ie rapporte icy des raisons trop pressantes, ce n'est pas pour obliger les Lecteurs à conceuoir quelque ressentiment contre la simplicité de ces RR. Peres, qui deuoient l'accompagner de la prudence du serpent: mais qui ne voit que la bouche parle de l'abõdance du cœur, & que nous sommes trop engagez & d'inclinatiõ & de deuoir à la garde des Reliques des Saints que nos Roys tres-Chrestiens, & ces Saincts mesmes nous ont confiées, pour souffrir qu'au preiudice de la verité, de l'honneur de la France & de la gloire de ces ames bien-heureuses, elles nous soient iniustement rauies & enleuées? Ie sçay bien que ces RR. Peres ont corrigé par leurs nouuelles impreſſions de la vie de ſainte Reine, la premiere & principale de leurs erreurs touchant la Tranſlation de ſon corps à Oſnabrug faite par Charlemagne ; mais pour les affermir dauantage dans ce veritable ſentiment, & détromper entierement les Saxons, voicy les preuues authentiques que i'en auance auſſi fidellement que ſuccinctement pour m'acquitter de ma promeſſe.

Preuues veritables & authentiques qui iuſtifient que le Corps de Sainte Reine repoſe à Flauigny depuis l'an huict cens ſoixante-quatre (qu'il y fut apporté d'Alize ſous l'Empire de Charles le Chauue) iuſques à la preſente année mil ſix cens quarante-neuf.

I'Aduertis le Lecteur auant que d'alleguer mes preuues, que mon deſſein eſtant particulierement d'inſtruire les moins doctes par cette Apologie, ſi tant eſt que par malheur ils fuſſent deſia imbus des fauſſetez de l'opinion contraire ; i'ay eſtimé qu'il n'eſtoit pas à propos de rapporter icy ny en Latin, ny mot à mot les Actes & inſtrumens tous entiers que i'ay tiré des Archiues de Flauigny, mais ſeulement les clauſes principales qui font le plus à mon ſujet, reſeruant pour les doctes (quand il en ſera beſoin & que i'en ſeray requis) vne plus exacte & plus entiere connoissance de cette matiere.

La premiere & plus authentique preuue que ie produis, pour monstrer que cette Translation du corps de sainte Reine d'Alize à Flauigny s'est faite en l'an huit cent soixante quatre, sous le regne de Charles le Chauue, c'est le tiltre de la fondation du Monastere de Corbigny, autrefois dependant de celuy de Flauigny, passé ladite année le lendemain de la Translation du corps de sainte Reine audit Flauigny; laquelle Translation est qualifiée dans le mesme acte du mot d'Inhumation. Cela se fit en presence de Solocone Coeuesque & suffragant de Ionas Euesque d'Autun, d'Egil Abbé de Flauigny, & de plusieurs autres personnes de probité & de condition qui assisterent la veille (cõme il est expressement dit) à la Translation du corps de sainte Reine. Voicy deux clauses de cet acte [*quod anno* DCCCLXIIII. *quod verbum caro factum est, dum apud Flauiniacum sequenti die post humationem sacri corporis Reginæ Martyris xi. scilicet Kal. April. vnà cum Solocone Ionæ Heduensis Præsuli Cathedræ Coëpiscopo caritatis glutino nostræque familiaritatis collegio firmiter compaginato, Deo propitio, Hilari residerem animo meo, oratu vt pote nouiter ibidem precibus compulsus insignis Regis Francorum Karoli Piissimi Augusti H Ludouici filij &c.*] Et plus bas [*& cum nobilibus viris qui ob aduentum tantæ Virgi-*

nis pridie illò conuenerant &c.

Il appert donc par ce tiltre que le corps de ſainte Reine fut inhumé à Flauigny l'an ſuſdit huit cent ſoixante quatre, le vingt & vniéme du mois de Mars, à la requeſte de l'Abbé Egil, & de ſes Moines de Flauigny : Il eſt de plus clairement remarqué que cela arriua ſous le regne du Roy Charles fils de Louys, qui ne peut eſtre autre que Charles le Chauue, petit fils de Charlemagne. Qu'on ne diſe donc plus que cettuy-cy l'a emporté en Allemagne. Les circonſtances de cette Tranſlation tirées des anciennes archiues & Legendaires de Flauigny, rapportées par vn autheur qui a écrit la vie de ſainte Reine il y a bien vingt ans, & que ie remarque ſommairement dans celle que ie donne au public, font encores bien voir que Charlemagne n'a pû faire cette pretendüe Tranſlation. I'y renuoye le Lecteur.

La ſeconde piece qui nous aſſeure de cette Tranſlation, c'eſt l'ancien martyrologe de l'Egliſe de Flauigny, lequel en fait mention deux fois, au vingt & deuxiéme de Mars, & au ſeptiéme de Septembre, cettuy-cy eſt le iour du Martyre de cette Sainte ; & l'autre eſt celuy auquel on fait la feſte de la Tranſlation dont nous parlons, laquelle a eſté remiſe à ce iour, parce que la veille (ou proprement elle eſchet) eſt occupée à celebrer la feſte du glorieux Patriarche S. Benoiſt.

XII. Kal. April.........Flauiniaco Aduentus & exceptio Corporis sanctæ Reginæ Virginis & Martyris Christi.

VII. idus Septembris in Galliis territorio Eduorum nuncupato loco Alisia, quæ olim fortissima ciuitas, sed à Iulio Cæsare fuerat destructa, Natalis siue Passio Sacratissimæ Domnæ Reginæ Virginis & Martyris Christi, cuius per omnia venerabile & sanctissimum corpus anno Incarnationis Domini octingentesimo sexagesimo quarto XII. Kalendas Aprilis cum diuinis laudibus innumerâ comitante caterua delatum ad Flauiniacum Cœnobium nobilitérque reconditum vtroque loco crebris coruscat Miraculis.

L'on pourroit encores rapporter icy les leçons du Breuiaire, & du Legendaire de Flauigny, qui est fort ancien, qui sont propres à ladite Translation; comme aussi la Prose qui se chante à la Messe de la Sainte, tant audit Monastere que dans Alize, laquelle est tirée des anciens Missels de l'Abbaye, mais comme elles sont communes dans le pays, personne n'en peut douter. De plus dans ledit Martyrologe, & dans les Calendriers de l'Eglise de S. Genez de Flauigny, & dans celle de S. Leger d'Alize est marquée la feste de la reuelation du corps de sainte Reine, lors que ses ossemens sacrés furent mis dans vne chasse d'argent richement decorée. Cette feste est celebrée tous les ans le 13. de Iuillet.

Ie tire la troisiéme preuue d'vn témoignage authentique qui est dans la Chronique de Flauigny composée par l'Abbé Hugues, qui parle clairement de cette Translation faite par saint Egil en ces termes : [*Anno Incarnationis octingentesimo sexagesimo quarto Translatum est corpus S. Reginæ Virginis & Martyris de Alisia ciuitate Flauiniacum Castrum seù Cœnobium, præsidente eidem loco cuius erat iuris ciuitas præfata, Ægilo Abbate, postmodum Senonen sium Arshiepiscopo, regnante Carolo Caluo.*] Ce grand homme dont la vertu égaloit la naissance continuë ladite chronique iusques à l'an 1102. Il estoit de la maison des Empereurs, & petit fils de l'Empereur Othon troisiéme, comme luy mesme le donne à connoistre dans son histoire.

La quatriéme preuue est encores tirée du mesme Autheur, lequel rapportant le decret de Solocone, suffragãt de Ionas Euesque d'Autun, & qui depuis fut Euesque de Dol, & celuy qui aida à saint Egil à transferer le corps de sainte Reine d'Alize à Flauigny, parle de cette Translation, comme d'vne action si remarquable & si connuë, que du depuis on commença, pour le moins à Flauigny, de compter les années, du iour de cette Translation. Voicy ces termes : [*Anno Translationis S. Reginæ primo obiit Salocho Dolensis Episcopus ex Flauiniaco Monacho, cuius corpus post ducentos annos incorruptum repertum.*]

La cinquiéme preuue est tirée d'vne ancienne homilie ou exhortation faite par vn Euesque d'Autun, comme on croit, aux Religieux de Flauigny, au sujet de ladite reuelation dont ie viens de parler; où il est fait expresse mention de la premiere Translation du corps de sainte Reine du bourg d'Alize à Flauigny. Le caractere nous fait iuger que la piece est fort ancienne.

La sixiéme est vn fragment d'vn ancien tiltre qui contient la satisfaction que fit vn nommé Hubert, pour auoir fait tuer deux hommes dans l'Abbaye de Flauigny, sans auoir eu aucun égard au respect deu au corps de sainte Reine qui repose en ce lieu. La datte n'y est pas, d'autant qu'il n'y reste plus que les onze premieres lignes de ce tiltre; le feuillet qui deuroit suiure estant deschiré. Neantmoins il est aisé d'inferer que ce malheur arriua entre l'an mil vingt sept, & l'an mil trente quatre, qui sont les dattes des deux autres tiltres, l'vn qui precede, & l'autre qui suit immediatement dans l'ancien Cartulaire de Flauigny. Ie rapporte ce tiltre en latin, parce qu'il est fort court.

In nomine Clementissimi Dei piissimæ miserationis præsentis æui futurisque omnibus fidei Christianæ ceruicem subdentibus notum esse desidero ego Hubertus præ cunctis hominibus in Deum & in sanctam Ecclesiam reus, quoniam suggerente humani generis hoste noctu ingrediens silenter Cœno-

bium sancti Petri Flauiniacensis quo sanctum requiescit corpus Christi Martyris Praiecti atque Reginæ Virginis Theophilique eius Ministri, duos ibidem interficere feci homines Hugonem videlicet Rastellum ....

La septiéme preuue est fondée sur vn procez verbal d'vne visite faite l'an mil quatre cent quatre-vingt & vn, auec vne troisiéme Translation faite pour lors des ossemens de sainte Reine dans vne chasse nouuelle, d'autant que l'ancienne estoit presque toute gastée; neantmoins, comme il est expressement remarqué, quoy qu'elle fust si pourrie & vermolüe, on trouua sain & entier sans aucune corruption le suaire de la Sainte dans lequel estoient enueloppez ses ossemens, à l'exclusion de quelques-vns que la pieté de nos Roys, des Ducs de Bourgongne, & de quelques particuliers ont fait enfermer en de riches reliquaires, comme son saint chef dans celuy que donna S. Louys, & qui fut depuis enrichy par quelques Ducs de Bourgongne, lesquels firent encores mettre la nucque du col dans vne couppe d'argent; & de nos iours en 1632. Pierre de Fougerolles Doyen des Conseillers de Moulins fit enchasser la maschoire de ladite Sainte dans vne autre reliquaire d'argent supporté par deux Anges. Cette troisiéme Trãslation se fit en presence de l'Abbé de Flauigny, Geofroy de Crecy issu des anciens Seigneurs de Venarré, & d'vn grand nõbre d'autres perſonnes illuſtres, tant du clergé que de la nobleſſe qui ont ſigné l'acte, & qui prierent Meſſire Iean de Bobiller Eueſque d'Auenne, & ſuffragant de Monſeigneur Iean Rolin Cardinal & Eueſque d'Autun, de faire la ceremonie, apres laquelle il fit faire le ſuſdit acte ſeellé de ſon ſceau, qu'il mit dans la chaſſe auec les autres breuets & atteſtations qu'il y auoit trouuées toutes bien ſignées & en bonne forme, comme il eſt remarqué dans ſon acte.

La derniere preuue, & qui va mettre le ſceau aux precedentes, ſont les approbations de noſſeigneurs les Illuſtriſſimes Eueſques d'Autun, qui de tout temps ont reconnu cette verité, & approuué le pelerinage de ſainte Reine, qui ſe fait au Monaſtere de Flauigny, & à la Fontaine d'Alize.

Mais entre tous Monſeigneur l'Illuſtriſſime & Reuerendiſſime Claude de la Magdelene de Ragny, lequel par pluſieurs fois à l'exemple de ſes predeceſſeurs, depuis l'Eueſque Ionas eſt venu en ce ſaint lieu; ſpecialement en l'année 1643. qu'il y rendit ſes vœux & actions de graces pour la ſanté par luy obtenüe, par les merites & interceſſions de la glorieuſe ſainte Reine, qui auoit deſia fait vn miracle ſignalé en ſa faueur audit lieu de Flauigny en l'an 1620. lors que ſa ſanté eſtant deſeſperée de tous les Medecins, il s'y fit porter pour y attendre l'effet de ſon vœu, qu'il y receut promptement par vne guerison d'autant plus remarquable, qu'il semble que tous les interests de la Bourgongne estoient heureusement engagez dans celuy de sa santé, Dieu l'ayant destiné pour estre la lumiere de cette Prouince. Ie tiens de sa bouche mesme, les asseurances de ce Miracle, dont il me fit l'honneur de m'entretenir quand ie le fûs voir au sujet du bras pretendu, porté à Alize par le R. P. François, où il me dit qu'il n'auoit donné son approbation qu'en suite de celle de l'Euesque d'Osnabrug, sans auoir eu dessein de rien innouer ny preiudicier à la reelle & veritable presence du corps de sainte Reine à Flauigny, dont il auoit veu des témoignages trop sensibles pour en douter.

L'approbation aussi qu'il a donné pour faire imprimer le Miracle arriué en la personne de Catherine le Blanc ne fait rien contre nous, quoy qu'elle soit addressée aux Peres Cordeliers d'Alize qui l'ont procurée : car ny l'histoire du miracle, ny l'approbation qui le precede, ne font aucune mention qu'il soit arriué par l'attouchement de ladite Relique pretenduë de sainte Reine ; au contraire le narré de ce miracle imprimé à Paris chez Guillaume Sassier, dit fort bien qu'aprés que la fille eût baisé par deux fois ladite Relique, qu'elle se trouua beaucoup plus mal qu'auparauant ; en sorte que les seruantes qui l'auoient en garde desesperans depuis ce temps-là de sa santé, & ne la pouuans plus souffrir estoient sur le point de la remener chez ses parens. Le miracle est donc arriué comme les autres, c'est à dire par les merites de sainte Reine, & en suite des deux neufuaines que l'on fit pour la fille dans la Chappelle, outre la pieté & deuotion de ses parens, qui firent paroistre qu'ils estoient doüez d'vne foy viue par la durée & ferueur de leur zele.

I'espere à present que ces preuues estant connües des Saxons, ils ne voudront plus nous disputer la possession d'vn thresor, dans laquelle nous sommes maintenus par des tiltres si authentiques, & par le consentement vniuersel des Nations qui accourent de toutes parts, depuis vn si long-temps, à cet Auguste Sanctuaire ; Que si la verité trouue encor des esprits opiniastres à la receuoir, comme il y en a eu peut-estre quelques-vns de trop faciles à prendre les impressions du mensonge, ie seray contraint, mon cher Lecteur, de ne pardonner point à l'erreur, pour établir plus fortement la verité par vn plus grand ouurage. Au reste si ma plume, dans le fort du combat, s'est emancipée par quelque parole de chaleur, ie la desauoüe dés à present, & proteste publiquement que ie n'ay eu autre dessein dans cette Apologie que de faire connoistre la verité ; ne desirant autre recompense de mon trauail, que l'acquiescement de ceux qui sont obligez de se rendre aux lumieres de la raison. Ainsi soit-il.

Copie de l'acte de visite faite des sacrées Reliques de sainte Reine.

NOvs soubsignez Philibert Lambry Docteur en Medecine demeurant à Flauigny, & Nicolas Baurée Maistre Chirurgien dudit lieu, certifions à qui il appartiendra, que ce iourd'huy vingt-septiéme de Iuillet mil six cens quarante-neuf, à la priere & requeste des Venerables Prieur & Religieux de l'Abbaye de saint Pierre dudit Flauigny, deuëment authorisez en ce point de leurs Superieurs, ainsi qu'ils nous l'ont asseuré. Nous nous sommes transportez en ladite Abbaye pour y visiter les ossemens du corps de la glorieuse sainte Reine Vierge & Martyre, & en faire vn fidele rapport, où estant le thresor de l'Eglise d'icelle Abbaye fermant à plusieurs & diuerses clefs gardées par diuers Religieux, nous auroit esté ouuert, comme aussi la caisse où se gardent les ossemens de ladite Sainte, à la reserue du chef qui est en diuers reliquaire; & qu'aprés auoir fait nos prieres deuant les saintes Reliques, nous auons curieusement & exactement visité les ossemens contenus en icelle caisse, lesquels on monstre d'ancienneté pour vrayes reliques de sainte Reine Vierge & Martyre d'Alize au Diocese d'Autun, entre lesquels ossemens auons remarqué deux bras d'égale grandeur &

grosseur, deux couldes, & deux rayons pareils auec quantité de vertebres, quelques parties de l'ischium, fragmens de costes, quelques os du metacarpe, & plusieurs autres entiers, ou par fragmens notables. C'est le rapport que nous affirmons estre veritable, & en témoin de quoy nous auons signé, auec Religieuses personnes frere Albain de Syluestre Prestre Infirmier de ladite Abbaye, Dom Paul de Riuery Prieur de ladite Abbaye, Dom Prosper Petit Sousprieur, Dom George Viole, Dom Mayeul le Brun, & Dom Hugues Monjouuan, tous Religieux Profez de la Cõgregation de S. Maur en France, establie en ladite Abbaye, comme encores de Messire Iean Dumont Bachelier en Decret, & Curé dudit Flauigny, Frere Achilles de Haranguet Religieux ancien de l'Abbaye de saint Seine, Maistre Claude Barbuot Prestre societaire de l'Eglise saint Genest dudit Flauigny, Maistre Pierre Bourée, Claude Vallon, & Iacques Garnier anciens Escheuins dudit Flauigny : de Marc Anthoine Rose Escuyer sieur de Prouanchere, Maistre Claude Aubry, Iean Sonnois Notaires & Tabellions Royaux dudit Flauigny, de Maistres Claude, & Denys Nauier dudit lieu, & de Maistre Iacques Barbuot fils de feu Maistre Claude Barbuot viuant Bourgeois dudit lieu presens à ladite visite. Faite ledit iour à l'issuë des Vespres d'icelle Abbaye.

www.ingramcontent.com/pod-product-compliance
Ingram Content Group UK Ltd.
Pitfield, Milton Keynes, MK11 3LW, UK
UKHW021601260726
13993UKWH00002B/984